Hans Jellouschek

Ich liebe dich mein Leben lang

Hans Jellouschek

Ich liebe dich mein Leben lang

10 Tipps für die Liebe auf Dauer

KREUZ

MIX
Papier aus verantwor-
tungsvollen Quellen
FSC® C106847

Überarbeitete Neuauflage des Buches „10 Liebesregeln für das Glück", Hans Jellouschek, © Kreuz Verlag 2007.
Auszüge aus dem Buch, Liebe auf Dauer. Die Kunst, ein Paar zu bleiben, Hans Jellouschek, © 2004 Kreuz Verlag

© KREUZ VERLAG
in der Verlag Herder GmbH, Freiburg im Breisgau 2014
Alle Rechte vorbehalten
www.kreuz-verlag.de

Umschlaggestaltung: Vogelsang Design
Umschlagmotiv: © istockphoto.com − liseykina
Innengestaltung und Satz: agentur IDee
Herstellung: fgb · freiburger graphische betriebe
www.fgb.de

Printed in Germany

ISBN 978-3-451-61243-5

Inhalt

Einleitung

Liebe auf Dauer – ist sie in der Paarbeziehung zwischen Mann und Frau möglich? Sagen da die Zahlen nicht gerade, dass die Menschen heute die Partnerliebe nicht mehr so ernst nehmen wie die Paare früherer Generationen? Nein, gerade das Gegenteil ist der Fall. Die Menschen haben die Partnerliebe noch nie so ernst genommen wie heute und das Bedürfnis nach ihrer Stabilität war vielleicht noch nie so groß. Menschen haben ein elementares Bedürfnis nach Freiheit. Aber noch elementarer ist das Bedürfnis nach Bindung, nach Eingebundenheit.

Denn die traditionellen Bindungen lockern sich immer mehr. Damit nimmt aber auch das Gefühl des Einzelnen ab, für andere wichtig, vielleicht sogar unersetzlich zu sein. So ist es kein Wunder, dass sich das gesamte Bedürfnis der Menschen nach Bindung und individueller Bedeutsamkeit immer stärker auf das eine soziale System verlagert, das noch bleibt: nämlich auf die Paarbeziehung und die Familie.

Warum aber gehen dann so viele Beziehungen in die Brüche? So sehr die Dauerhaftigkeit der Liebesbeziehung einem inneren Bedürfnis der Menschen entspricht, so schwierig ist es in der heutigen Zeit geworden, sie zustande zu bringen. Dauerhaftigkeit kann heute dagegen immer ausschließlicher nur noch verwirklicht werden, wenn es den Partnern gelingt, die Beziehung so befriedigend zu gestalten, dass beide – aus freien Stücken – in ihr bleiben wollen. Es kommt immer mehr auf das Wissen und die Fähigkeiten der Partner an, die Liebe lebendig zu halten. Wie kann die Liebe in einer Paarbeziehung dauerhaft bleiben? Das ist das Anliegen dieses Buches.

Tipp Nr. 1

Definieren Sie Ihre Beziehung

Immer wieder habe ich mit Paaren zu tun, die schon jahrelang zusammenleben, die aber nicht sagen können, wer oder was sie eigentlich sind: ein Liebespaar, ein Freundespaar, ein Ehepaar …? Irgendwann haben sie sich zusammengetan oder sind sogar zusammengezogen. Um hier Klarheit zu schaffen, braucht es eine eindeutige Beziehungsdefinition: Ich bin dein Mann, du bist meine Frau. Wir sind ein Paar. Diese Definition besagt Verbindlichkeit. Ist sie nicht gegeben, sind wir eben etwas anderes füreinander: Freunde oder Kollegen oder gute Bekannte oder …

Liebe braucht Verbindlichkeit

Natürlich kann es solche Verbindlichkeit nicht gleich von Anfang an geben. In der Phase des Jugendalters haben gegengeschlechtliche Beziehungen auch die wichtige Funktion, die Ablösung von den Eltern zu ermöglichen.

In dieser Phase ist es wichtig, sich als Mann, als Frau in Beziehungen zum anderen Geschlecht auszuprobieren und kennenzulernen, und das geschieht gerade auch durch die Vielfalt der Erfahrungen und auch durch die Schmerzen von vollzogenen und erlittenen Trennungen. In unserer Gesellschaft hat sich in den letzten Jahren zudem eine Phase der menschlichen Entwicklung herausgebildet, die es so im Lebenszyklus früherer Generationen nicht gab, die sogenannte »Zweite Adoleszenz«. Das ist die Zeit, in der die jungen Erwachsenen bereits definitiv von zu Hause ausgezogen, in Ausbildung oder bereits berufstätig und damit wirtschaftlich, jedenfalls teilweise, selbstständig sind, aber noch keine »eigene Existenz« gegründet haben. Es ist eine Art Zwischenphase zwischen der Jugendzeit im Elternhaus und dem eigentlichen Erwachsenenalter. In dieser Zeit werden so genannte »Probeehen« immer häufiger. Man zieht mit dem Freund, der Freundin zusammen und lebt wie ein Ehepaar, ohne sich als solches zu definieren. Hier droht allerdings eine Gefahr: dass die beiden den Zeitpunkt übersehen, an dem ein nächster Schritt in ihrer Beziehung fällig wird. In gewissem Sinn ist die Situation jetzt unklarer, als sie vor dem Zusammenziehen war. Da war sie seine Geliebte, er war ihr Geliebter, und die beiden waren ein Liebespaar. Was sind sie jetzt? Sie leben wie ein Ehepaar, sind aber keines. Oft »hilft« diese Situation beiden oder einem von beiden, eine geheime Angst sich zu binden zu kaschieren. Oft aber spürt wenigstens einer von beiden, und häufiger sind das die Frauen als die Männer, dass jetzt noch etwas ansteht: eben der Schritt in die Verbindlichkeit. Manchmal zeigt sich das darin, dass sie den Wunsch verspüren und ihn – hinter vorgehaltener Hand – ganz vertrauten Menschen gegenüber sogar äußern: »Ich fände es so schön, wenn er mir einen Heiratsantrag machen würde!«

Hinter diesem, manchem vielleicht altmodisch und in alten Rollenklischees verhaftet anmutenden Wunsch äußert sich ein tiefes Bedürfnis: das Bedürfnis nach Bindung, das Bedürfnis für den anderen, der oder die Wichtigste, in diesem Sinn »Einzige« zu sein. Mindestens als Frage äußert es sich in jeder länger dauernden Beziehung: Ist der andere der, für den ich der oder die Wichtigste, der oder die Einzige bin?

Diese Frage will beantwortet sein, sonst wird sie sich immer wieder melden, es sei denn, ich schiebe sie, weil sie mir nicht oder immer nur negativ beantwortbar scheint, resigniert in den unbewussten Untergrund meiner Seele. Viele Paare spüren den Zeitpunkt, da sie sich unabweisbar stellt. Und dann sagt einer von beiden: »Sag, wollen wir nicht heiraten?« Oder: »Du, ich spüre, eigentlich möchte ich dich heiraten!« Und wenn der andere dann spontan oder nach einer gewissen Bedenkzeit zu demselben Ergebnis kommt, erleben beide: Dieser Schritt war jetzt fällig und er initiiert und erschließt eine neue Qualität des Zusammenlebens, die es bisher zwischen uns nicht gegeben hat. So unwahrscheinlich es klingen mag, weil äußerlich oft nicht viel anders wird: Es beginnt jetzt wirklich etwas Neues, und nicht nur deshalb, weil die Heirat auch vermögens- und erbrechtliche Folgen hat. Es beginnt auch psychologisch etwas Neues. Das spüren sogar Paare, die jahrelang »nur so« zusammengelebt haben und aus irgendeinem Grund dann doch noch die Entscheidung fällen, ihre Beziehung »zu legalisieren«. Dieser Schritt des ausdrücklichen Ja zueinander, die Aussagen »Du bist mein Mann, ich bin deine Frau« — »Du bist meine Frau, ich bin dein Mann« bewirken in der Seele eine Klarheit und Verbindlichkeit, die es vorher nicht gab. In der Regel erfüllt das beide mit einem tiefen Glück, bei allen Unsicherheiten und Ängsten, die vielleicht auch noch damit verbunden sind. Damit wird dieser Schritt nicht eine Garantie, aber eine gute Grundlage für eine »Liebe auf Dauer«.

- Wenn Sie in einer »undefinierten« Beziehung leben und bei sich das Bedürfnis spüren: Jetzt müsste ein nächster Schritt erfolgen, ich möchte mehr Klarheit, mehr Sicherheit, mehr Eindeutigkeit haben, dann stellen Sie diesen Impuls nicht gleich wieder infrage. Sicher ist es gut, die eigene Motivation hier kritisch zu befragen. Aber Sie dürfen auch damit rechnen, dass dieses Bedürfnis die innere Konsequenz Ihrer Liebe zueinander ist und das Zeichen dafür, dass der nächste Schritt Ihrer Weiterentwicklung dran ist. Darum haben Sie den Mut, darüber mit dem Partner zu sprechen.

- Wenn Sie den Schritt zur verbindlichen Beziehungsdefinition auf dem Standesamt bzw. in der Kirche vollziehen, lassen Sie es nicht allein bei den vorgesehenen Ritualen und überlassen Sie die Regie nicht einfach dem Standesbeamten oder dem Pfarrer.

- Füllen Sie das Ritual durch eigene Gestaltung mit Leben und geben Sie dem Vollzug Ihre persönlichen Züge: durch selbst gewählte Texte, Musik, Gesten und Symbole. Haben Sie den Mut, im Ritual ihre eigenen Vorstellungen von dem Schritt, den sie jetzt tun, zu verwirklichen.

- Wenn Sie sich entschieden haben, keine »offizielle« Ehe einzugehen, überlegen Sie trotzdem, ob Sie nicht aus Anlass Ihres »Ja« zueinander ein privates Ritual im Kreis ihrer Verwandten und Freunde durchführen sollten. Durch rituelle Gestaltung erhält der Schritt zur Verbindlichkeit seine ihm angemessene Bedeutsamkeit für unser Leben. Anders spielen wir ihn herunter und machen ihn dadurch ein Stück weit nebensächlich.

Tipp Nr. 2

Lernen Sie einander gut kennen

Wenn zwei Menschen sich ineinander verliebt haben, besteht ein Teil ihrer Verliebtheit darin, dass sie sich einander so wunderbar vertraut fühlen. »Als hätten wir uns schon hundert Jahre lang gekannt«, sagen sie manchmal. Dieses Gefühl der Vertrautheit ist in der Regel keine Täuschung. Verliebtheit besteht ja gerade darin, dass zwei sich in der Tiefe berühren, dass es eine Begegnung ihrer Herzen gibt, die sie tief miteinander verbindet. Oft wird erst viel später deutlich, was das war oder ist: ein ähnliches Schicksal zum Beispiel, das sie einander so nahe fühlen lässt, eine Gemeinsamkeit in wesentlichen Lebenseinstellungen, die sie intuitiv erfassen, oder eine wunderbare Ergänzung, die sie wechselseitig fasziniert.

Das heißt allerdings noch nicht ohne Weiteres, dass wir den Weg der Realisierung dafür auch finden und gehen werden. Und noch weniger heißt es, dass wir den anderen dadurch schon wirklich kennen.

Wir kennen etwas von ihm, vielleicht etwas Wesentliches, aber ganz vieles bleibt im Dunkeln, im Verborgenen. In der Verliebtheit entdecken und erfassen wir, was vom anderen zu uns passt, das andere blenden wir aus. Wir bemerken es nicht oder wir schauen bewusst ein wenig weg davon. Das lässt sich allerdings im Alltag des Zusammenlebens nicht durchhalten. Da zeigt sich dann, dass vieles am anderen neu, fremd, ja befremdlich ist. Diese Erfahrung bringt oft die ersten Enttäuschungen in die Liebe und läutet das Ende der Verliebtheitsphase ein. Ist das der Anfang vom Ende?

Er kann es sein. Dann nämlich, wenn ich daran festhalte, dass die Verliebtheit mit der in ihr erfahrenen genauen Passung zwischen dir und mir schon die Liebe schlechthin sein soll, und wenn ich die Fremdheit, auf die ich stoße, wenn auch die bisher unbekannten Seiten des anderen hervortreten, als einen Gegensatz dazu erlebe.

Ich sperre mich dagegen, den anderen als anderen wahrzunehmen, ich hole ihn sozusagen in das Gebiet meines eigenen Ich herein und beginne zu bekämpfen, was sich am anderen dagegen sträubt, auf diese Weise »eingemeindet« zu werden.

Wir kennen den anderen, auch wenn wir heftig in ihn verliebt waren oder sind, noch sehr wenig, ja wir werden ihn niemals wirklich »durch und durch« kennenlernen. Ich muss mich darauf einstellen, dass mein Mann, meine Frau ein »unbekanntes Wesen« ist. Ein unbekanntes Wesen, das es erst kennenzulernen gilt. Dazu gehören: Interesse am anderen und eine gewissermaßen »ästhetische Haltung« ihm gegenüber. Das heißt, ich beobachte mit Neugier, Interesse und Staunen das Anderssein des anderen. »Aha, du machst das so. Interessant, so ist das bei dir! Wie kommt es, dass du das so machst, dass du dazu diese Meinung hast, dass du dich in diesem Zusammenhang so verhältst …?«

Ich beginne, den anderen und seine Welt zu erforschen. Ich gehe nicht mehr davon aus, dass er genau so ist wie ich, sondern weiß, dass er ein anderer ist …

Das bekommt der Liebe sehr gut. Denn Liebe hat damit zu tun, dass ich aus mir heraus auf den anderen zugehe, dass ich den anderen nicht »mir einverleibe«, sondern mich ihm »hingebe«. Durch das Anderssein des anderen, wenn ich mich mit Neugier, Interesse und »ästhetischer Haltung« öffne, werde ich aus meinen – oft ja recht engen – Ichgrenzen herausgelockt auf eine spannende Reise in das weite Land meines Partners. Das tut dem anderen gut, weil er sich so in seiner Eigenart respektiert und geachtet fühlt, und das tut auch mir gut, weil ich mich selber loslassen lerne.

Wenn wir uns auf solche Weise aktiv um die Eigenart(en) des anderen kümmern, lernen wir etwas ganz Wesentliches für die Partnerliebe, nämlich Empathie, Einfühlung. Einfühlung heißt, »mich in die Schuhe des anderen stellen«. Ich gehe aus mir heraus auf seine Seite und betrachte die Welt vorübergehend nicht mehr aus meiner, sondern aus seiner Perspektive. Sich in die Schuhe des anderen stellen, die Dinge aus seiner Perspektive betrachten lernen, gerade dort, wo ich auf sein Anderssein stoße, das ist ein wesentliches Element einer dauerhaften Partnerliebe.

Das Kind im anderen kennenlernen

Den anderen kennenlernen, ihn in seiner Eigenart »erforschen« und verstehen lernen, das gilt ganz wesentlich auch für den Partner in seinem »Geworden-Sein«. Wir kennen den anderen nicht, wenn wir nicht auch seine Geschichte kennen und ihn aus dieser Geschichte heraus in dem, wie er jetzt ist, besser verstehen. Unsere Geschichte ist nicht nur etwas Vergangenes. Das Kind, das wir einmal waren, lebt in uns und zeigt sich immer wieder, oft allerdings versteckt oder »maskiert«.

Wir müssen nach diesem Kind suchen, um es zu entdecken.

Was ich hier meine, kann ich am leichtesten an einem Beispiel deutlich machen: Simon und Nicole sind ein Paar, leben aber nicht zusammen, und die Frage, »Nägel mit Köpfen« zu machen, zusammenzuziehen, zu heiraten oder aber sich zu trennen und eigene Wege zu gehen, steht in letzter Zeit ständig im Raum. Die beiden sind sehr verschieden: sie lebendig, sprudelnd, aktiv und initiativ, er bedächtig, zurückhaltend und ruhig. In der Verliebtheitsphase hat sie das sehr aneinander fasziniert, im Alltag wird es immer konflikthafter. Sie erlebt ihn passiv, sich entziehend, resignativ, er erlebt sie kontrollierend, ungeduldig, aggressiv. Immer wieder eskalieren sie konflikthaft, vor allem, weil sie sich immer wieder von ihm hängengelassen und er sich von ihr massiv abgeurteilt, ja oft vorverurteilt fühlt: Er hat es übernommen, den Urlaub zu organisieren, und sie denkt, das würde er nächste Woche tun. In der nächsten Woche geschieht aber nichts. Sie fragt nach, sie drängt. Er fühlt sich gedrängt, wehrt ab, zieht sich zurück. Weil die darauf folgende Woche noch immer nichts passiert, geht sie schließlich selbst wutentbrannt ins Reisebüro und bucht den Urlaub. Das macht nun aber ihn genauso wütend, denn gerade an diesem Tag wollte er das doch ohnehin machen. Er fühlt sich abgewertet, sie sich hängengelassen.

So lasse ich mir von ihnen ein wenig aus ihrem Leben und aus ihrer Vorgeschichte erzählen. Nicole war die einzige Tochter ihrer Mutter, die noch eine sehr kindliche, unselbstständige Frau war, als sie sie zur Welt brachte. Der Vater blieb zwar mit ihr verheiratet, wandte sich aber bald anderen Frauen zu. Das stürzte die Mutter so in Verzweiflung, dass sie immer wieder mit Weglaufen und Selbstmord drohte. Die kleine Nicole lebte deshalb häufig in Angst und Panik und versuchte alles Mögliche, um die Mutter davon abzuhalten. Sie musste ständig auf der Hut sein, beobachtete genau, was geschah, und versuchte, alles um sie herum unter Kontrolle zu halten. Simon war ebenfalls Einzelkind, sein Vater ein sehr zurückhaltender, verschlossener Mann. Er ging zwar nicht fremd, lebte aber in seiner eigenen Welt und war für die Frau nicht zugänglich. Immer stärker rückte darum für sie der kleine Simon in die Rolle des Partners. Ihre Emotionalität suchte bei ihm Resonanz, ihr Geborgenheitsbedürfnis bei ihm Halt. Damit war der Junge allerdings vollständig überfordert, und dies wiederum führte zu ständigen Enttäuschungen der Mutter und immer neuen Abwertungen seiner Person. Noch als Erwachsener spürte er das schlechte Gewissen, dass er ihr einfach nicht gerecht werden konnte.

Als wir darüber sprachen, ging beiden immer deutlicher auf: Genau diese Erfahrungen in ihrer Herkunftsfamilie wiederholten sie jetzt in ihrer Beziehung miteinander. Sie fühlte sich von ihm hängengelassen und darum immer stärker genötigt, alles unter Kontrolle zu halten, genau wie damals bei ihrer Mutter, und er bekam immer wieder dasselbe resignative Gefühl wie damals, der Mutter nicht gerecht zu werden und darum nichts wert zu sein. Hier war nun ein wesentlicher Zugang zum anderen geschaffen. Sie verstanden wichtige Zusammenhänge zwischen Jetzt und Damals, und vor allem: Sie verstanden es nicht nur im Kopf. Sie berührten sozusagen gegenseitig liebevoll ihre verletzten Kinder von damals. Wo immer wieder die gegenseitige Aggression aufflammte, entwickelten sie nun immer häufiger Mitgefühl mit dem anderen und die Bereitschaft, sich gegenseitig in diesen Punkten zu unterstützen, statt übereinander herzufallen.

Das war ein entscheidender Wendepunkt, und so erlebe ich es oft bei Paaren: Wenn sie die Not ihrer »inneren Kinder« kennenlernen, wenn sie zu verstehen beginnen, wo sie in der Beziehung wechselseitig auf ihre wunden Punkte von damals stoßen.

- Wann immer Sie den Impuls dazu haben, erzählen Sie dem Partner von sich, von Ihrem Erleben, von Ihren Gedanken und Gefühlen zu diesem und jenem, und: von Ihrer Geschichte.

- Dasselbe gilt auch in der anderen Richtung: Seien Sie neugierig und interessiert am anderen. Sprechen Sie alles an, was Ihnen an ihm »fragwürdig« erscheint. Und: Tun Sie es, bevor Sie über das Fremde, das Ihnen in ihm begegnet, ärgerlich werden und das Bedürfnis haben, es zu kritisieren.

- Manchen Paaren hilft es, ein anderes Medium als das Gespräch dafür zu benützen. Sie schreiben sich zum Beispiel in gewissen Abständen Briefe, auch wenn Sie zusammenleben und es äußerlich nicht »nötig« wäre, brieflich zu verkehren. Briefe sind ein gutes Gegenmittel gegen das »Gewöhnlich-Werden« des anderen und für den anderen, sie geben die Möglichkeit, Seiten von sich zu zeigen und mitzuteilen, die im direkten Gespräch nicht in Worte zu fassen sind.

Versöhnen Sie sich mit Ihrer Vergangenheit

Die Nähe, die durch die erotische Liebe zwischen Mann und Frau entsteht, und die existenzielle Bedeutsamkeit dieser Erfahrung beleben mit Notwendigkeit die Beziehungserfahrungen, die wir noch grundlegender und existenzieller in unserer Kindheit mit den Geschwistern und vor allem mit Mutter und Vater gemacht haben. Wir haben diese Beziehungserfahrungen als das erste und grundlegende Modell von Beziehung überhaupt in uns aufgenommen, und die Eltern waren für uns das erste Modell von Frau-Sein und Mann-Sein überhaupt. Damit bekommt die Art und Weise, wie wir uns dazu stellen, ob zustimmend oder ablehnend, ob wir in Frieden damit sind oder im Hader, eine große Bedeutung für unsere gegenwärtige Partnerbeziehung. Nicht selten ist die Partnerwahl mehr oder weniger bewusst eine Gegenwahl, weil jene Menschen, die in ihren Herkunftsfamilien schwierige Erfahrungen gemacht haben, sich durch den Schritt in die eigene Beziehung davon befreien wollten: »Ich will es – als Frau, als Mann – ganz anders machen als meine Mutter, als mein Vater. Nur nicht so, wie ich es bei und mit meinen Eltern erlebt habe!«

Der Mann, der gewählt wird, ist genau das Gegenteil zum Vater, die Frau das absolute Gegenstück zur Mutter. Das kann als Ablösungsprozess von den Eltern ein wichtiger Schritt sein, als Grundlage für eine dauerhafte Paarbeziehung taugt es nicht. Freiwerden für die eigene Zukunft, das geht nur auf der Basis der Versöhnung mit meiner Vergangenheit. Versöhnt kann ich das Vergangene hinter mir lassen und in meine eigene Zukunft gehen. Der Mann, der noch als Erwachsener und Partner seiner Frau im inneren – und manchmal auch äußeren – Hader mit seiner Mutter lebt, ist nicht wirklich frei für die Liebe zu seiner Frau. In seiner Mutter ist er zum ersten Mal dem Weiblichen begegnet und so ist seine tiefste Einstellung gegenüber dem Weiblichen überhaupt entstanden. Wenn er seine Mutter ablehnt, lehnt er in der Tiefe seiner Seele das Weibliche überhaupt ab. Die Frau, die er dann als das Gegenstück zur Mutter wählt, hat damit eine schwere Hypothek.

Zudem zeigt sich oft im Laufe der Jahre auf geheimnisvolle Weise, dass sie in vielem seiner Mutter gar nicht so unähnlich ist, vor allem auch in ihren störenden Eigenschaften, obwohl sie zunächst als ihr eklatantes Gegenstück erschien! Die Frau, deren Mann mit der eigenen Mutter nicht ausgesöhnt ist, bekommt auf die Dauer der Beziehung fast mit Notwendigkeit seine Abneigung und seinen Hass gegen seine Mutter zu spüren. Sie fühlt sich abgelehnt und zurückgewiesen, und sie hat dabei oft berechtigterweise das Gefühl, für etwas herhalten zu müssen, das mit ihr nichts zu tun hat. Seine Probleme, die er mit seiner Mutter hat, projiziert er auf sie und reagiert seine diesbezüglichen Gefühle an ihr ab. Das erbost sie zu Recht, und das kann zur ernsthaften Gefährdung der Beziehung werden.

Ähnlich ist es bei der Frau: Wenn sie innerlich ihren Vater ablehnt, wählt sie oft einen Mann, der als das genaue Gegenteil zu diesem erscheint. War der Vater zum Beispiel hart, aufbrausend und jähzornig, wählt sie einen sanften, zurückhaltenden, weichen Partner.

Vielleicht ist sie in der ersten Zeit dieser Beziehung sehr glücklich darüber, Männlichkeit jetzt in einer so anderen, liebevollen Art zu erleben. Das Problem ist nur: Die Weichheit und Sanftheit ihres Mannes hat auch Schattenseiten, die sich im Laufe der Zeit zeigen und die ihr mächtig auf die Nerven zu gehen beginnen. Er steht zum Beispiel nicht auf, wenn der Hausbesitzer unverschämt wird, er sagt den Kindern nicht, wo es langgeht. So muss sie immer die Grundsätze vertreten, die Regeln setzen und die Strenge sein, während er sich in der Rolle des Lieben gefällt … Allmählich beginnt sie, ihn als Mann zu verachten. Sie beginnt ihn zu kritisieren und immer stärker abzuwerten. Vielleicht führt das dazu, dass dem sanften Mann eines Tages der Kragen platzt, dass er auf den Tisch haut und furchtbar losbrüllt. Damit aber nimmt er nun fatalerweise genau jene Züge an, die sie an ihrem Vater geängstigt haben und weshalb sie ihn abgelehnt hat … Der Mann kann es ihr also immer weniger Recht machen: Zeigt er sich gegenteilig zum Vater, vermisst sie das, was ihr an diesem auch imponiert hat, zeigt er sich ihm ähnlich, lehnt sie ihn gerade deshalb erst recht ab. So wird, ohne dass es ihr bewusst wäre, die Beziehung zum Mann zum Spiegel ihrer ungeklärten Beziehung zum Vater, und die Gefahr wächst, dass sie sie voller Enttäuschung aufkündigt.

• Wenn ich meine, ich könnte meine Vergangenheit dadurch hinter mir lassen, dass ich mir vornehme, jetzt zu meinem Partner oder meiner

Partnerin ganz anders zu sein, als ich es zwischen Vater und Mutter erlebt habe, und es mit meinen Kindern viel besser zu machen, als sie es mit mir gemacht haben, bin ich im Irrtum. Die Vergangenheit wird mich einholen. Für die jetzige Liebesbeziehung ist es also von existenzieller Bedeutung, dass ich mich mit meiner Vergangenheit auseinandersetze, mich mit ihr aussöhne, denn nur so entziehe ich mich der Gefahr, sie in der Gegenwart mit meinem Partner und mit meinen Kindern zu wiederholen.

- Mich mit meinen Eltern zu versöhnen, das ist meine Verantwortung, meine Aufgabe. Der Partner kann sie mir nicht abnehmen. Er kann mich höchstens darauf hinweisen, dass es aus diesem oder jenem Grund in diesem oder jenem Punkt nötig wäre. Denn der Partner hat mehr Abstand als ich und damit in Bezug auf das Thema weniger blinde Flecken. Statt sich durch einen Teufelskreis gegenseitig lahmzulegen, wäre ein in diesem Punkt kooperatives Vorgehen etwa dieses: Ich bin bereit, die Aufgabe der Versöhnung mit meiner Herkunftsfamilie selbst zu übernehmen. Und ich bin froh, wenn du, mein Partner, mir dazu Hinweise gibst, mir deine Beobachtungen mitteilst und deine Meinung dazu sagst.

- Für eine Versöhnung mit der Herkunftsfamilie kann es sehr hilfreich sein, möglichst viele Details aus dem Leben der Eltern und ihrer Vorfahren zu erfragen, entweder von den Eltern selbst oder von Menschen, die sie gut gekannt haben oder kennen.

Tipp Nr. 4

Betonen Sie das Positive

Wir kommen jetzt zu einem Grundsatz, der den ganz konkreten Alltag des Paares betrifft und dessen Beachtung von zentraler Bedeutung für die Stabilität von Beziehungen ist. Es geht um die Aufrechterhaltung einer positiven Grundstimmung zwischen den Partnern. Diese ist nie einfach ohne Zutun der Partner vorhanden oder sie bleibt es jedenfalls nicht. Sie entsteht oder verschwindet, je nachdem, wie diese den Tag über miteinander umgehen. Am Anfang einer Beziehung ist das den Beteiligten meist nicht bewusst. Sie spüren und erleben, wie gut sie zusammenpassen, wie sehr sie gerade das gesucht haben, was sie jetzt miteinander und voneinander erfahren. Sie müssen nicht extra darauf achten, das zu tun, was dem anderen angenehm ist, sie fühlen sich dazu von innen heraus gedrängt und es fällt ihnen gar nicht auf, dass sie es tun. Mit der Zeit jedoch verlieren auch die faszinierendsten Eigenschaften des anderen ihren Neuheitscharakter. Man gewöhnt sich daran, ist durch sie nicht mehr so beglückt wie am Anfang. Dazu kommt, dass im Laufe der Zeit auch andere Seiten am anderen sichtbar werden, Seiten, die nicht so gut zu mir passen, die mir fremd, ja befremdlich sind. Sie braucht so ewig lang im Bad.

Er räumt seine Schuhe nicht weg, wenn er heim-
gekommen ist. Solche Kleinigkeiten beginnen uns
aufzufallen und zu stören.

Aus Rücksicht, und weil das ja Kleinigkeiten sind,
sagen wir dann oft nichts. Aber stören tut es uns
doch, weil wir immer wieder darüber »stolpern«.
Damit aber beginnt unsere Aufmerksamkeit sich
allmählich auf die Negativseite zu verlagern, das
Positive, an das wir uns gewöhnt haben, tritt dem
gegenüber immer mehr in den Hintergrund. Irgendwann beginnen wir, den anderen zu kritisieren. Wenn wir das feinfühlig und mit Liebe tun
und der andere bereitwillig ist, kann hier ein ge-
genseitiger Anpassungsprozess in Gang gesetzt
werden, der das Störende wieder eindämmt oder
sogar beseitigt. Häufig haben gerade aber die Eigenschaften, die uns aneinander fasziniert haben,
auch ihre Schattenseiten. Der Spontane, Gefühls-
betonte, Lebendige ist oft auch chaotisch und
sprunghaft. Der Systematische, Überlegte, Genaue
ist oft auch langsam, gehemmt, unflexibel. Diese
Schattenseiten der geliebten Eigenschaften treten
im Laufe der Zeit deutlicher hervor – und hier ist
Veränderung schwieriger als bei den herumliegen-
den Schuhen und beim Trödeln im Bad.

Daraus entstehen leicht unangemessen eskalierende Streitspiralen: Weil der eine den anderen kritisiert, meint dieser wiederum, ihn kritisieren zu müssen, und zwar einen Zacken schärfer, um mehr Wirkung zu erzielen. Dadurch wird die Kritik immer negativer, und es entsteht eine immer unangemessenere Polarisierung der Partner zueinander. Dadurch geraten die beiden in immer extremere Gegenpositionen: Die spontane, lebendige Frau erscheint dem Mann nur noch chaotisch, und der ruhige Mann erscheint ihr wiederum in seiner bedächtigeren Art nur noch langweilig und unflexibel.

Bei allem, was uns persönlich betrifft, nehmen wir die Realität nicht objektiv wahr. Vielmehr wird das für uns wirklich, worauf wir unsere Aufmerksamkeit richten, und diese Aufmerksamkeit ist interessengeleitet. Wir müssen unsere Aufmerksamkeit bewusst immer wieder auf das Positive lenken. Das haben wir nämlich weitgehend in der Hand. Ich kann daran denken, was mir heute am anderen gefallen hat, oder ich kann es unter den Tisch fallen lassen und mich nur bei dem aufhalten, was mir an ihm auf die Nerven gefallen ist.

Es ist ein wichtiger Teil der Lebens- und der Beziehungskunst, die Ausrichtung der Aufmerksamkeit auf das Positive zu trainieren. Das braucht es, denn aus Erfahrung weiß man, dass sich das Negative »von selber« aufdrängt. Es braucht als Gegengewicht die bewusste Aufmerksamkeitssteuerung. Das Positive, das so wieder stärker in den Vordergrund tritt, muss dem anderen auch mitgeteilt werden, es muss zum anderen »rüberkommen«. Es genügt nicht, es im Herzenskämmerlein zu hegen und zu pflegen. Erst wenn es beim anderen auch ankommt, wird es zur gemeinsamen Beziehungsrealität. Wir schaffen unsere Beziehungsrealität zu einem Gutteil selber. Nicht nur dadurch, dass wir unsere Aufmerksamkeit in eine bestimmte Richtung lenken, sondern vor allem durch das, was wir kommunizieren, miteinander teilen.

- Wir können registrieren, was uns an konkreten Verhaltensweisen des anderen gefällt, und dies mitteilen: »Du warst gestern eine wunderbare, charmante Gastgeberin!« – »Also, das hat mir imponiert, wie du dem Vermieter gerade seine Grenzen aufgezeigt hast!« So gibt es tausend Gelegenheiten, dem anderen positive Resonanz zu geben oder sie ungenutzt verstreichen zu lassen. Wenn sie ehrlich gemeint ist, vertragen wir viel davon, und es ist keineswegs sinnlos, Positives immer wieder zu sagen. Es nährt den anderen und damit die Beziehung.

- Es tut einer Beziehung weiter sehr gut, wenn wir positive Eigenschaften des anderen immer wieder hervorheben: »Dein Lachen ist so schön.« – »Du bist so schön groß – richtig zum Anlehnen!«

- Es mag sein, dass der andere für solches und Ähnliches wirklich nichts kann. Solche Eigenschaften sind nicht seine Leistung, für die er Anerkennung »verdienen« würde. Diese Eigenschaften liegen aber näher an unserer Person, darum erleben wir positive Resonanz darauf noch stärker als ein Ja zu uns insgesamt. Wir brauchen diese positive Resonanz auf unsere Existenz nicht nur als Säuglinge, um gesund aufzuwachsen, wir brauchen sie ein ganzes Leben hindurch, und die Intimität der Paarbeziehung bringt es mit sich, dass wir sie vor allem hier suchen.

- Positive Resonanz muss nicht immer mit Worten vermittelt werden. Von großer Bedeutung sind Blicke, Gesten, Berührungen. Wenn ich spüre, wie meine Partnerin meine Hand zart berührt, vermittelt sie mir: »Ich mag dich«. Ein kleines Lächeln zwischendurch lässt eine innige Verbindung zwischen uns entstehen – womöglich inmitten einer frustrierenden Veranstaltung. Sie schaut mich an – und ich spüre in ihrem Blick Zuneigung und Sympathie … Solche kleinen Zeichen sind mindestens so wichtig wie verbale Bezeugungen, und jedes Paar sollte hier sein eigenes, unverwechselbares Repertoire entwickeln und pflegen. Der Alltag mit seinen vielen Verpflichtungen, mit seiner Hetze und seinem Tempo ist hier der gefährlichste Feind. Er lässt unachtsam werden und solche »Kleinigkeiten« vergessen, weil es ja ständig so viel – scheinbar – Wichtigeres und Bedeutungsvolleres zu erledigen gilt …

- Es gibt beim Austausch von positiven Impulsen einen wichtigen Unterschied zwischen Frauen und Männern: Frauen legen im Allgemeinen auf den verbalen, also in Sprache gefassten

Ausdruck von positiven Gefühlen größeren Wert als Männer.

- Männer müssen lernen, dass Sprache viel mehr Funktionen hat als nur Informationsaustausch, und vor allem, dass sie ein Kontaktmedium ist, in dem sich Haltungen, Stimmungen und Gefühle dem anderen gegenüber zum Ausdruck bringen.

- Im Gegensatz zu Männern neigen Frauen dazu, auf das gesprochene Wort einen großen Wert zu legen. Männer äußern ihre Gefühle oft anders als in Worten, häufig bevorzugen sie dafür auch das Tun. Sie arbeiten und schaffen und machen und tun – und die Frauen sollen darin ihre Liebe, ihre Zuneigung, ihr Ja zu ihnen spüren … Manchmal kann es helfen, ihnen die Zunge zu lösen, wenn die Frauen mehr bereit sind, auch diese zugegeben manchmal sehr distanzierten Zeichen als Ausdruck ihrer Anerkennung und ihres positiven Einsatzes für sie und die Beziehung zu werten und ihnen dies auch immer wieder mal mitzuteilen: »Du tust so viel für mich, für uns, ich danke dir dafür!«

- Wir haben die verbale oder auch nonverbale Betonung des Positiven am anderen wirklich zu wenig gelernt. Vielleicht ist das Ausdruck einer puritanischen Einstellung: Wir dürfen es uns im Leben nicht zu gut gehen lassen, sonst werden wir übermütig …

Wir wissen oft nicht, wie wir uns das Leben gegenseitig schön und genussreich machen können. Darum kann es richtig und hilfreich sein, dass wir die Betonung des Positiven förmlich lernen, indem wir uns beispielsweise Formulierungen aneignen und einprägen, die sich dazu eignen: »Ich freue mich, das zu hören!« – »Ich danke dir dafür, dass du mir das gesagt hast.« – »Finde ich richtig gut, wie du das machst«, und so weiter. Wie man eine Fremdsprache lernt, so müssen viele von uns die positive Sprache der Liebe erst lernen. Man kann sich nicht auf die eigene Spontaneität verlassen. Spontan kommen uns Mahnungen und kritische Bemerkungen über die Lippen. Wir brauchen manchmal vorformulierte Sätze, um das Positive, das wir für den anderen empfinden, auch zu ihm herüberzubringen.

Lernen Sie, einander zu verzeihen

Auch wenn wir uns redlich bemühen, das Positive in der Beziehung zu betonen, bleibt es – wie jeder aus Erfahrung weiß – nicht aus, dass wir den anderen im Alltag der Beziehung auch verletzen. Das kann sein, weil wir von ihm zu wenig wissen und deshalb »ins Fettnäpfchen treten«, weil wir gerade nicht gut drauf sind und um uns schlagen oder weil wir unbeabsichtigt einen wunden Punkt beim anderen getroffen haben und dergleichen mehr. Wenn wir über keine Möglichkeiten verfügen, solche Verletzungen zu überwinden, nimmt die Liebe Schaden. Oft ist eine Trennung der Schlusspunkt nach einer Reihe von unverziehenen Verletzungen, die – nach außen hin kaum sichtbar – schwärende Wunden in der Seele hinterlassen haben, an denen die Liebe im Laufe der Zeit zugrunde gegangen ist.

Das ist nämlich das Problem: Die Zeit allein heilt solche Wunden nicht. Man kann natürlich versuchen zu vergessen, man kann darüber hinweggehen, man kann so tun, als ob nichts gewesen wäre. Aber wer das versucht, weiß, dass es nicht wirklich geht. Es ist wie ein Verband, den man über eine Wunde wickelt, ohne diese angemessen versorgt zu haben. Sie heilt dann schlecht oder gar nicht, sie beginnt zu eitern oder die Narbe tut bei jeder Berührung weh.

Man kann eine Verletzung nicht dadurch heilen, dass man sie wegsteckt. Frühere Generationen, vor allem die Frauen, haben das häufig versucht. Oft haben sie sich dabei zugrunde gerichtet, sind psychisch oder physisch krank geworden. Auf diese Weise haben ihre Gefühle darauf bestanden, beachtet zu werden. Besser ist es also, die Verletztheitsgefühle gelten zu lassen, statt zu versuchen, sie zu ignorieren. Sie schwelen sonst weiter und vergiften die Liebe. Eine ebenso ungeeignete Vorgehensweise – von Seiten dessen, der verletzt hat – ist es, dem Verletzten zu beteuern, dass ich ihn mit diesem oder jenem doch gar nicht verletzen wollte. In der Mehrzahl der Fälle wird das durchaus zutreffen, die meisten Verletzungen passieren nicht so, dass ich den anderen bewusst und absichtlich verletzen wollte.

Dennoch meinen viele Menschen, damit eine Verletzung ungeschehen machen zu können: »Aber das wollte ich doch gar nicht!« Wie wirkt diese Beteuerung auf den anderen, der sich verletzt fühlt?

Man streitet ihm die Berechtigung seiner Gefühle ab: Er soll sich nicht verletzt fühlen, weil es ja nicht die Absicht war, ihn zu verletzen! Häufig entsteht daraus nur Streit mit neuen Verletzungen, weil der Verletzte spürt, dass der andere nicht bereit ist, seine Gefühle zu respektieren.

Für einen heilsamen Umgang mit Verletzungen ist außerdem wichtig: Die Tatsache, dass der andere sich verletzt fühlt, muss ernst genommen werden. Es empfiehlt sich, nach dem Grundsatz vorzugehen: Ob ich den anderen verletzt habe, entscheidet sich nicht daran, ob ich das wollte oder nicht wollte, sondern an dem, was mein Tun oder Lassen bei ihm ausgelöst hat.

Wie heilt man Verletzungen? Fünf Dinge scheinen mir von Bedeutung zu sein, um in einer Paarbeziehung Verletzungen, die geschehen sind, überwinden zu können: Ansprechen – Verstehen – Anerkennen – Verzeihen – Wiedergutmachung.

Ansprechen

Als erstes ist es nötig, dass derjenige, der sich verletzt fühlt, diese Verletzung auch anspricht. Sonst rutschen die Verletztheitsgefühle in den »Untergrund« – und wenn das Maß voll ist, kann es bei einem nichtigen Anlass zu einer völlig unangemessenen Reaktion kommen, die den anderen trifft wie der Blitz aus heiterem Himmel. Darum ist es besser, Verletzungen, die man empfindet, dem Partner oder der Partnerin gegenüber möglichst bald deutlich und ernsthaft anzusprechen: »Du, das hat mich jetzt verletzt«, »Was du da sagst, kränkt mich«, »Ich habe mich gestern nach dem Gespräch sehr schlecht gefühlt …« Solche Äußerungen machen mich als Partner nicht gerade pflegeleicht, der stromlinienförmige Ablauf der Dinge wird dadurch gestört, aber solche Störungen sind nötig, damit es nicht zu destruktiven Entwicklungen kommt, die dann viel schwerer wieder umzusteuern sind.

Verstehen

Die Überwindung von Verletzungen scheitert oft daran, dass einer von beiden oder beide nicht verstehen, was eigentlich geschehen ist. Ein Beispiel: Bei Maren haben früher als erwartet die Presswehen eingesetzt. Maren meint, für die Klinik sei es jetzt ohnehin zu spät. Sie traut sich eine Hausgeburt zu und möchte die Hebamme, die gleich nebenan wohnt, dazu rufen. Aber Johannes ist dafür vollkommen unzugänglich, er nötigt sie ins Auto, rast in die Klinik, und voller Hektik und unter totalem Stress kommen sie gerade noch rechtzeitig an. Maren nimmt ihm das übel, aber Johannes blockt ihre Vorhaltungen radikal ab. Nach seiner Meinung musste er so handeln, wie er es tat, und damit basta. So fügt jedes Gespräch darüber der alten noch eine neue Verletzung hinzu. Zu einer Wende kommt es erst, als beide in einer Paarberatung aus einem gewissen Abstand nochmals auf andere Weise darüber sprechen können. Maren kann Johannes ohne Anklage bitten, ihr doch mal zu erklären, was eigentlich damals in ihm vorgegangen sei, dass er gerade in dieser Situation so hart und unzugänglich geworden ist.

Darauf kann Johannes darüber zu sprechen beginnen, wie er gerade am Anfang ihrer Ehe noch mit dem Verdikt seines Vaters zu kämpfen hatte: »Du bringst ohnehin nichts zustande. Du bist viel zu weich und nachgiebig, und wenn Handeln angesagt ist, schreckst du zurück …« Gerade in dieser kritischen Situation damals fühlte er sich aufge rufen, das Gegenteil zu beweisen! Das war der wesentliche Grund seiner Härte und Sturheit.

Als Maren das erfuhr und aus der Art, wie er es erzählte, auch nachvollziehen konnte, was in Johannes vorgegangen war, war ein wesentlicher Schritt zur Heilung der Verletzung getan. Das gemeinsame tiefere Verstehen führte die beiden wieder zusammen. Es ermöglichte einen Ausstieg aus dem entstandenen Täter-Opfer-Muster.

Auch für dieses heilende Verstehen kann es von zentraler Bedeutung sein, zum »Kind im anderen« und zu dessen Motiven für sein Handeln Kontakt zu bekommen.

Anerkennen

Manchmal ist es mit dem Verstehen allein noch nicht getan. In vielen Fällen ist es der wesentliche Schritt. Das Gefühl der Verletzung verschwindet. In anderen Fällen muss über das Verstehen hinaus noch etwas dazu kommen: Nämlich dass der Täter oder die Täterin die Tatsache, dass der andere verletzt wurde, ausdrücklich anerkennt.

Das Anerkennen der Tatsache, dass ich den anderen verletzt habe, zu all dem dazu und trotz allem, was man verstehen und nachempfinden kann, ist für die Bewältigung von Verletzungen von größter Bedeutung. Ich höre in der Therapie immer wieder: »Wenn er/sie nur anerkennen könnte, dass mich das verletzt hat, dann könnte ich's gut sein lassen!« Dass jemand immer wieder auf alten Verletzungen »herumreitet«, hat seinen Grund nicht selten darin, dass der andere sie niemals anerkannt hat. »Ja, ich erkenne es an, ich habe dich damit schwer verletzt« − das wäre oft der erlösende Satz, der bewirken könnte, dass die Verletzung in der Vergangenheit versinkt!

Um Verzeihung bitten und Verzeihung gewähren

Es kann sein, dass es auch mit dem Anerkennen noch nicht getan ist. Derjenige, der die Verletzung erlitten hat, spürt: Ich brauche noch etwas von ihm, von ihr. Das ist vor allem bei schwerwiegenden Verletzungen so. Auch hier wieder ein Beispiel: Beatrice und Olaf haben vereinbart, mit dem Kinderkriegen noch ein paar Jahre zu warten, aus unterschiedlichen, aber für beide wichtigen

Gründen. Beatrice vergisst die Pille und wird schwanger. Olaf ist wütend darüber, sagt aber dann doch Ja zum Kind. Kurz nach der Geburt hat er eine Affäre mit einer Kollegin. Weil er damit rasch wieder Schluss gemacht hat, versucht Beatrice, sich zu sagen: »Naja, er war ja auch nicht einverstanden mit dem Kind. Er hat sich das halt als Ausgleich dafür geholt. Und er hat die Sache ja auch schnell wieder beendet ...« Olaf sieht es auch als eine Art Ausgleich für das, was sie ihm »eingebrockt hat«, er ist dankbar für ihr Verständnis und meint erleichtert, die Sache sei damit erledigt.

Aber sie merkt, dass das trotz ihrer Bemühungen, ihn zu verstehen, nicht so ist. Sie spürt vage, dass sie noch etwas von ihm bräuchte. Obwohl sie es sich kaum einzugestehen wagt: Sie bräuchte, dass er sich ausdrücklich bei ihr entschuldigt. Es würde ihr so guttun, wenn er zu ihr sagen könnte, dass es ihm Leid tut, was er ihr angetan hat.

Was geschieht hier? Bei allem Verständnis empfindet Beatrice, dass Olaf in dieser hochsensiblen Situation an ihr schuldig geworden ist, und um ihm diese Schuld verzeihen zu können, braucht sie seine Bitte darum. Für viele ist es entscheidend, wenn der Partner, der verletzt hat, diesen Schritt auf den Verletzten zu macht und sich so angewiesen zeigt auf dessen Willen, es wieder gut sein zu lassen. »Dass ich dich damit verletzt habe, tut mir Leid. Ich bitte dich um Verzeihung!« Das ist zweifellos eine »Demutsgebärde«. Darum – so meine ich – sperren sich viele dagegen: aus Angst davor, dass diese Demut ausgenutzt wird, sie zu demütigen. Es braucht großen Mut dazu. Aber wenn er aufgebracht wird, hat es eine befreiende Wirkung. Der Täter verneigt sich gleichsam vor dem Opfer, gleicht damit von seiner Seite das entstandene Täter-Opfer-Gefälle wieder aus und setzt damit das zerstörerische Täter-Opfer-Muster außer Kraft.

Allerdings braucht es, damit das vollends gelingt, als Pendant dazu auch den Schritt des »Opfers«. Der Verletzte muss bereit sein, Verzeihung zu gewähren, und das heißt: die Verletzung nun seinerseits auch loszulassen: »Ich habe gehört, was du gesagt hast, und ich nehme es an. Ich verzeihe dir und für mich ist damit die Sache in Ordnung gebracht!« Wenn der Verletzte die Verletzung verzeiht, verzichtet er auch auf etwas, nämlich auf eine durch die Verletzung entstandene Machtposition.

Denn durch Bestehen auf der Unverzeihlichkeit der Verletzung und durch Vorhalten des Sündenregisters versucht der Verletzte den Täter immer wieder in die »untere Position« zu bringen und sich so für dessen »Untat« zu rächen. Zu verzeihen heißt, die Sache endgültig gut sein zu lassen, also die Verletzung loszulassen. Das beinhaltet den Verzicht, sie als Waffe in Auseinandersetzungen wieder hervorzuholen. Damit Verletzungen wirklich überwunden werden, ist dies der notwendige Beitrag, den der Verletzte nun seinerseits zu leisten hat.

Wiedergutmachung

Dieser Schritt ist aber manchmal schwer. Bisweilen fühlen die verletzten Partner ganz deutlich, dass sie damit etwas aus der Hand geben, das ihnen bisher ein Stück Überlegenheitsgefühl gegeben hat. Sie spüren daher, dass sie, um diesen Verzicht zu leisten, noch etwas brauchen. Für alle Beteiligten erlösend kann hier die Idee von der Wiedergutmachung durch ein konkretes Tun sein. Eine Frau hatte sich in den ersten Jahren von ihrem Mann völlig im Stich gelassen gefühlt, weil er sich damals beruflich vollständig eindecken ließ und sie mit den zwei kleinen Kindern gänzlich im Stich gelassen hatte. Dies hatte die beiden an den Rand der Trennung gebracht, weil es diametral der ursprünglichen Zukunftsvision des Paares – sie ebenfalls berufstätig und er ein präsenter Vater – widersprach. Die beiden kamen schließlich dazu, einen Neuanfang machen zu wollen. Um die alte Verletzung hinter sich lassen zu können, wünschte sich die Frau für sich eine Kur. Der Mann sollte sich in dieser Zeit beruflich freischaufeln und die Betreuung der Kinder übernehmen. Er griff diesen Vorschlag erleichtert auf, enthielt dieser doch die Möglichkeit für ihn, das Ungleichgewicht, das entstanden war, wieder ein wenig auszugleichen.

Die Möglichkeit einer Wiedergutmachung zu nutzen, kann für beide, den Verletzten und den Verletzer, eine große Erleichterung sein. Für den Verletzten ist es eine Hilfe, seine Verletztheitsgefühle loszulassen, weil der andere »handgreiflich« zeigt, dass es ihm ernst ist und dass er es sich etwas kosten lässt.

Dem Verletzer wiederum, der seine »Schuld« ja nicht loswerden kann, indem er sie ungeschehen macht, gibt die Wiedergutmachung in dieser

Situation der Hilflosigkeit eine Möglichkeit zu handeln und auf diesem Weg etwas Wirksames zu tun. Was als Wiedergutmachung gilt, muss vom Verletzten selbst definiert werden. Der Verletzer kann die Idee dazu einbringen oder auch Vorschläge machen, aber sagen, was er möchte und braucht, ist Sache dessen, der verletzt wurde. Die vom Verletzten definierte Wiedergutmachung muss ein Handeln sein, das einen Anfang und ein Ende hat. »Als Wiedergutmachung will ich von dir, dass du in Zukunft immer … oder nie mehr …«: So geht es nicht, denn dadurch bleibt der Partner immer der Schuldner, dessen Schuld nie abbezahlt sein wird. Der »Schuldner« muss wissen: Wenn ich das gemacht habe, ist die Sache für uns in der Beziehung wieder in Ordnung.

Erlittene Verletzungen sind Realitäten in der Beziehung, die wir nicht einfach beiseite schieben können. Wir müssen mit ihnen umgehen. Ich will damit deutlich machen, dass es zur Überwindung von Verletzungen das Bemühen beider braucht: nicht nur das des Verletzers, sondern entscheidend auch das des Verletzten. Nur in dieser Wechselseitigkeit kann das verhängnisvolle Täter-Opfer-Muster nachhaltig aufgelöst werden, und damit ein Muster, das jede Liebesbeziehung auf die Dauer zerstört.

- Mehrfach schon habe ich von Paaren gehört, dass sie nach der Maxime handeln: Nicht miteinander ins Bett gehen, bevor die Zwistigkeiten vom Tag zwischen uns nicht bereinigt sind. Diesen Grundsatz vor allem auf Verletzungen, die tagsüber geschehen sind, anzuwenden, finde ich einer Beziehung sehr zuträglich. Manchmal ist die Zeit vielleicht noch nicht reif für eine fruchtbare Auseinandersetzung, und es ist auch gut, die eine oder andere Nacht darüber zu schlafen. Was die Maxime aber berechtigterweise zum Ausdruck bringt, ist dies: Möglichst zu vermeiden, dass sich mehr und mehr ansammelt, ohne dass es erledigt wird.

- Oft ist es allerdings so, dass diese Maxime nicht beachtet wurde. Aus den verschiedensten Gründen hat sich über lange Zeit eine Reihe von Verletzungen angesammelt, die nie wirklich überwunden wurden. Es kann sogar sein, dass Verletzungen »damals«, als sie geschahen, auf der bewussten Ebene von keinem der beiden

Partner als solche registriert wurden. Trotzdem wirken sie zerstörerisch auf den weiteren Verlauf der Beziehung ein. Erst im Zusammenhang beispielsweise einer neuen, aktuellen Verletzung wird dem Betroffenen bewusst: Das war nicht das erste Mal, das war schon damals so, und damals … Solche Situationen können zu einem wichtigen Anlass werden, darüber nachzudenken: Welche Verletzungen, die wir gar nicht richtig beachtet haben, oder von denen wir meinten, sie wegstecken oder durch Nichtbeachtung ungeschehen machen zu können, gibt es denn noch in unserer bisherigen Geschichte? Es geht hier nicht darum, längst Begrabenes archäologisch wieder auszubuddeln und zu rekonstruieren. Es geht um das, was heute noch nachwirkt. Zur Heilung der Beziehung kann es unumgänglich sein, noch einmal in den »Keller der Skelette« zu steigen, um diese angemessen zu versorgen und schließlich für immer zu begraben.

• Paare müssen heutzutage viel mehr als in früheren Zeiten, als die Art des Zusammenlebens sehr viel stärker kollektiv festgelegt war, »nach ihrer eigenen Façon selig werden«. Sie sind in sehr vielen Angelegenheiten des Zusammenlebens allein auf sich und ihre subjektiven Fähigkeiten angewiesen. Darum ist es sehr hilfreich, wenn Paare für sich gemeinsame Vorgehensweisen entwickeln, auf die sie dann bei Bedarf zurückgreifen können. »Eine eigene Beziehungskultur entwickeln«, das gilt besonders für den Umgang mit Verletzungen. Die vorgeschlagenen Schritte »Ansprechen – Verstehen – Anerkennen – um Verzeihung bitten und diese gewähren – Wiedergutmachung« können dafür eine Unterstützung sein. Aber sie sind es nur, wenn die Partner sich entscheiden, so oder ähnlich damit umzugehen. Sie brauchen ihre Worte und ihre Formen dafür, und sie müssen beide beschließen, dass so etwas wie »Wiedergutmachung durch konkretes Handeln« in ihrem Leben möglich und gültig sein soll.

Tipp Nr. 6

Schaffen Sie Räume für Intimität

Wenn ich von Intimität in der Paarbeziehung spreche, meine ich auch, aber nicht in erster Linie, körperliche Intimität. Intimität meint die umfassende persönliche Nähe, die zwei Menschen in ihrer Beziehung erfahren, mental, emotional und körperlich. Einer fühlt sich vom anderen in seiner Person gemeint, im Herzen berührt und mit ihm tief vertraut. Der Anspruch auf diese Erfahrung von Intimität an die Paarbeziehung, und zwar auf die Länge ihrer Dauer, ist heute sehr hoch. Die Partner wollen sich die nächsten Vertrauten sein.

Dies zu erreichen ist aber nicht einfach. Dem hohen Anspruch an Intimität steht heute eine Lebenssituation vieler Paare entgegen, die Intimität verhindert oder sie leicht verloren gehen lässt.

Unser Leben ist äußerst komplex geworden. Die frühere Rollenaufteilung – er der Arbeitsmann und sie die Familienfrau – gibt es nicht mehr. Das Arbeitsmaß, das viele Menschen zu bewältigen haben, wird immer größer. Die Forderung nach nahezu unbegrenzter Flexibilität bedingt zudem lange Anfahrtswege, Wochenendehen oder Umzüge der Familie, durch die sie immer wieder aus ihren Lebensbezügen herausgerissen wird – mit all den Stressfaktoren für die Beziehung, die das mit sich bringt.

Heutige Paare wollen, wenn sie Kinder haben, diese keinesfalls »so nebenher laufen« lassen. Kinder zu haben, ist heute kein Schicksal mehr, sondern eine Sache der freien, bewussten Entscheidung. Wenn man sich also schon welche anschafft, sind sie besonders wichtig und man will sie auch besonders gut erziehen. Hier eröffnen sich tausend Möglichkeiten schier unbegrenzten Engagements, die Kinder vorschulisch, schulisch und außerschulisch zu fördern, was Zeit, Überlegung und Einsatz der Eltern, vor allem der Mütter, kostet. Vor allem in Familien mit noch nicht erwachsenen Kindern gibt es ständig schrecklich viel zu tun, zu organisieren, zu planen und abzuarbeiten. Immer müssen irgendwelche Angelegenheiten erledigt, Ziele erreicht, Pflichten erfüllt werden. Das füllt die Zeit der Partner aus. Sich selber verlieren sie dabei mehr und mehr aus dem Blick.

Es kann leicht geschehen, dass der Mann in der Frau mehr und mehr die Mutter, die Frau im Mann mehr und mehr den Vater sieht. Früher haben sie dann begonnen, sich mit »Mama« und »Papa« anzureden. Dass die meisten das heute vermeiden, ist ein gutes Zeichen, verhindert aber nicht immer, dass in ihrer persönlichen Beziehung das Mama-Sein und Papa-Sein in den Vordergrund tritt. Zweifellos bedeutet auch das eine gewisse Intimität. Aber reicht diese Art von Intimität aus für das, was sich die beiden als Mann und Frau voneinander wünschen? Oft driften sie dabei unbemerkt als Paar immer weiter auseinander. Dieser – meist schleichende – Verlust der Mann-Frau-Intimität widerspricht aber wie gesagt diametral dem heutigen Anspruch der Partner. Denn das wollen und suchen sie beide in der individualisierten Welt von heute, in der es immer mehr Mangel an persönlichen Bezügen gibt: Jemanden zu haben, mit dem sie wirklich intim sind, dem sie nahe sein können.

Der Intimität Raum geben

Um diesem zentralen Bedürfnis der Partnerschaft Rechnung zu tragen, sind wir immer mehr auf unsere eigene Initiative und Kreativität angewiesen. Wir müssen uns die Räume für die Pflege der Intimität selber schaffen. Die Gefahr ist sonst sehr groß, dass wir unter die Räder der Pflicht und der Gewohnheit geraten.

Solche Räume eröffnen sich nicht von selber. In

der Phase der Verliebtheit war das anders: Da mussten wir bewusst dafür sorgen, unsere Pflichten nicht zu vernachlässigen – weil die Gefühle so stark waren, dass sie uns »zwangen«, Räume für Intimität zu finden. Das Drängen der Verliebtheitsgefühle machte uns höchst einfallsreich, Zeit herauszuschlagen, die wir mit dem anderen verbringen konnten. Damit auf die weitere Dauer einer Beziehung zu rechnen, ist aber unrealistisch. Auch wenn wir in tiefer Zuneigung miteinander verbunden sind, drängt sich dieses Gefühl gegenüber allem, was wir sonst noch zu erledigen haben, nicht mehr in dieser Dringlichkeit auf. Wir müssen es pflegen und gut dafür sorgen. Zum Beispiel dadurch, dass wir Räume und Zeiten dafür in unseren Tages- und Wochenablauf ausdrücklich und verbindlich einplanen. Manche Paare richten es sich so ein, dass sie am Tag eine gemeinsame Mahlzeit haben – vielleicht sogar ohne die Kinder, weil die schon in der Schule oder noch nicht aufgestanden sind oder weil die beiden zum Beispiel einen gemeinsamen Tee nach der Arbeit miteinander trinken, wozu die Kinder keinen Zutritt haben. Andere Paare sorgen dafür, dass es jedenfalls in gewissen Abständen gemeinsame Zeiten nur für sich, ohne Verpflichtungen und ohne Kinder gibt: ein Ausgehabend in der Woche oder im Monat, ein monatliches gemeinsames Wochenende oder wenigstens einen gesicherten »Beziehungstag« in bestimmten Zeitabständen oder auch einen Teil ihres Urlaubs, den sie als Paar ohne die Kinder verbringen.

Sich Raum schaffen ist eine wesentliche Voraussetzung für Intimität, ermöglicht sie aber noch nicht automatisch. Darum kann es nötig sein, diese Räume zu gestalten. Es geht dabei nicht um Hochgestochenes. Manche Paare haben so sehr das Bedürfnis, in dieser Zeit endlich mal wieder ein persönliches Wort miteinander zu reden, dass sie keine besonderen Vorhaben brauchen, damit Wertvolles zwischen ihnen entsteht. Aber manchmal reicht es nicht aus, sich darauf zu verlassen. Man ist vielleicht zu müde und ausgelaugt, einfach so aufeinander zuzugehen und lebendig beieinander zu sein. Darum kann es wichtig werden, sich gemeinsame Erlebnisse zu verschaffen, die den persönlichen Kontakt inspirieren und anregen. Ein Buch, das man einander »in Fortsetzungen« vorliest, Musik, die man miteinander macht oder hört, Filme, Theaterstücke, Vorträge, die man miteinander besucht, oder auch gemeinsame Aktivitäten wie Wandern, Sport, Hobbys: Alles, von dem wir die Erfahrung gemacht haben, dass es uns wieder in jenen »intimen« Kontakt bringt, den wir uns wünschen. Jedes Paar sollte über ein gewisses Repertoire solcher Dinge verfügen, von denen die Partner wissen, dass sie sie gerne miteinander tun und die Gemeinsamkeit zwischen ihnen entstehen lassen. Sicherlich gibt es im Laufe einer Paarbeziehung Phasen, in denen die Pflege der Intimität in dem beschriebenen Sinn stärker in den Hintergrund treten muss, weil die Anforderungen von außen einfach zu groß geworden sind und abgearbeitet werden müssen. Solche Notwendigkeiten sollten dann aber ausdrücklich vom Paar erörtert werden. Dabei sollte das Paar allerdings darauf achten, dass es sich nicht zu viel zumutet. Die Intimität einer Paarbeziehung braucht Pflege. Wenn man dies zu lange nicht beachtet, wird die Beziehung verwildern. Um das zu verhindern, brauchen Paare oft auch Hilfe von außen.

Ob das nun die Tagesmutter, der Babysitter, ein Opa oder eine Oma ist oder ob man sich mit anderen Paaren in ähnlicher Lage abgesprochen hat, wechselseitig beispielsweise die Kinder zu übernehmen: Immer sollte beim Einsatz dieser Hilfen auch das Anliegen, als Paar füreinander Zeit zu haben, als wichtig und berechtigt anerkannt sein, und nicht nur berufliche oder andere »Verpflichtungen«. Paare müssen nicht alles alleine schaffen, sie brauchen die Vernetzung mit unterstützenden Systemen. Geld, das dafür zusätzlich aufgebracht werden muss, ist gut investiert, auch wenn es dann anderswo vielleicht fehlt, denn es dient der Sicherung der Zukunft der Paarbeziehung.

Räume und Zeiten für sexuelle Intimität

In der Regel kann in einer auf Dauer angelegten Beziehung Sexualität nicht lebendig bleiben, wenn sie nicht eingebettet ist in die umfassende Intimität, in die personale, lebendige Nähe der beiden zueinander.

Das Hauptproblem bei der Sexualität scheint heute bei Paaren in verbindlicher Lebensgemeinschaft zu sein, dass es zu sexueller Begegnung immer seltener kommt, beide dadurch einen Mangel empfinden, aber dennoch den Weg zueinander nicht finden. Das hat sicherlich mehrere Ursachen. Aber ein Grund ist zweifellos: Sie nehmen sich keine oder zu wenig Zeit dazu. Auch Sexualität findet nicht »von selber« statt. Auch für die sexuelle Beziehung gilt: Man muss sie pflegen. Die Leidenschaft des Anfangs schafft sich selber Räume und Zeiten. Wenn sie sich im Laufe der Jahre nicht mehr in solcher Dringlichkeit meldet, heißt das noch lange nicht, dass es mit lebendiger und lustvoller Sexualität jetzt eben vorbei ist. Freilich muss man dafür sorgen, dass sie Raum bekommt. Die Gefahr besteht sonst auch hier, dass alles andere, was erledigt werden muss, immer wieder wichtiger ist und somit einen höheren Stellenwert bekommt. Damit meine ich konkret: Es ist keineswegs ein schlechtes Zeichen für die erotische Beziehung eines Paares, wenn auch dafür regelmäßig und ausreichend Zeiträume eingeplant werden. Das Bedürfnis nach Sexualität miteinander überwältigt das Paar in der Dauerbeziehung vielleicht nicht mehr.

Aber wenn sie sich dafür genügend Zeit und einen geschützten Raum schaffen, können sie es sehr genießen und finden es sehr befriedigend. Es ist einfach ein Mythos, befriedigende Sexualität ausschließlich mit dem Reiz des Neuen und Unbekannten zu verknüpfen. Sicherlich übt das Neue, andere, noch nicht Gekannte auch in der Sexualität seinen besonderen Reiz aus. Das heißt aber nicht, dass Sexualität in einer Dauerbeziehung und mit dem altbekannten Partner mit Notwendigkeit langweilig werden müsste. An die Stelle des Neuheitsreizes muss hier die liebevolle Pflege treten, und ein wesentlicher Teil davon ist, sich gesicherte – und das heißt oft ausdrücklich eingeplante –, geschützte und ausreichende Zeit dafür zu nehmen. Es ist nicht so, dass nur das Überraschende, Neue und spontan Überwältigende intensive Sexualität ermöglichen würde. Ich höre immer wieder von Frauen, mehr und mehr aber auch von Männern, dass sie gerade die vertraute Atmosphäre, die Geborgenheit und Nähe zum Partner gebraucht haben, um Sexualität tiefer, umfassender und ganzheitlicher zu erleben. Auch sagen sie, dass es nötig war, eine längere Entwicklungszeit zu haben, um ihre sexuellen Möglichkeiten ganz zu entdecken und auszuschöpfen. Dass Sexualität nur bei immerwährender Abwechslung lebendig bleiben kann, ist meiner Erfahrung nach schlichter Unsinn.

- Die Räume und Zeiten für die Pflege der sexuellen Beziehung sind das eine. Das andere, das dazukommen muss, ist, dafür zu sorgen, dass die Partner einander ein lebendiges »Gegenüber« bleiben. Hier spielt die Entwicklung der eigenen Persönlichkeit eine große Rolle. Partner, die nur noch »funktionieren«, sind in der Gefahr, sich als autonome Individuen zu verlieren. Es geht darum, Eigenständigkeit als Frau und Mann zu bewahren, auszuformen oder wieder zu gewinnen, Eigenständigkeit im Sinn eines eigenen Profils mit eigenen Ansichten, ausgeprägten Interessen, eigenen, bewussten Lebenseinstellungen, eigenständigen Kontakten. Dadurch sorgt der Einzelne dafür, für den Partner »interessant« zu bleiben. Das kann die Sexualität auch mit ein und demselben Partner immer wieder neu inspirieren.

- Es kann eine große Hilfe sein, kleine Alltagsrituale einzuführen. Man sorgt dafür, dass bestimmte Räume und Zeiten für intime Zweisamkeit nicht immer nur von Neuem eigens festgelegt werden müssen. Man lässt sie sich wiederholen in einem bestimmten Rhythmus, einer gewissen Regelmäßigkeit und ähnlichen Abfolge.

Am Beispiel eines befreundeten Paares: Die beiden gehen jede Woche an einem bestimmten Tag ins nahe Städtchen miteinander einkaufen. Ihr erstes Ziel dabei ist ein kleines Café, in dem sie immer dasselbe Frühstück bestellen. Wenn sie sich daran gütlich getan haben, wenden sie sich ihren Einkäufen zu. An bestimmten Tagen laden sie regelmäßig und in bestimmten Abfolgen ihre Freunde ein, mit denen sie dann bei anregenden Gesprächen den Abend verbringen. Jedes Jahr begehen sie ihren Verliebungstag – also den Tag, an dem es bei den beiden »gefunkt« hat –, indem sie sich diesen Tag freihalten und etwas Besonderes unternehmen. Alle diese Gelegenheiten müssen nicht immer wieder neu geplant werden. Man weiß, wann man was unternimmt, und die angenehmen Erinnerungen an die vergangenen Erlebnisse versetzen die beiden schon in freudige Erwartung des Kommenden und sind damit eine positive Einstimmung darauf. Damit entfliehen sie immer wieder dem Alltag, schaffen immer wieder Begegnungsmöglichkeiten und verhindern die Entstehung der erwähnten Teufelskreise.

Stellen Sie Balance in der Beziehung her

Es muss in einer Beziehung aufs Ganze gesehen fair zugehen, damit die Liebe erhalten bleibt und sich erneuern kann. Wenn einer auf Dauer schlechter wegkommt als der andere, kann die größte Liebe daran kaputtgehen.

Wir sind heutzutage überzeugt von der Gleichwertigkeit von Mann und Frau. Wir plädieren für ebenbürtige Beziehungen. Dies konkret umzusetzen heißt: Immer wieder Gegenseitigkeit und Ausgleich herstellen. Denn Gleichwertigkeit ist im konkreten Leben nicht eine feststehende Tatsache, sondern ein immerwährender Prozess. Das heißt: Mann und Frau geraten immer wieder in Schieflagen. Damit wird der Grundsatz der Ebenbürtigkeit verletzt, das lässt sich im täglichen Leben gar nicht ganz vermeiden. Also müssen solche Schieflagen immer wieder ausbalanciert werden. Gleichwertigkeit, Ebenbürtigkeit sind nicht einfach gegeben, sie werden nur im Prozess real, das heißt: Sie müssen immer wieder hergestellt werden.

An einem Beispiel möchte ich deutlich machen, worum es hier geht. Felix' Mutter ist ein Pflegefall geworden. Nach einigem Hin und Her einigen sich Felix und Beate, sie nicht ins Heim zu geben, sondern zu sich ins Haus zu nehmen. Man engagiert zwar eine Hauspflege, aber es bleibt trotzdem noch einiges zu tun – und das alles bleibt wie selbstverständlich an Beate hängen. Nach einiger Zeit erkundigt sich Felix nicht mal mehr nach seiner Mutter, geschweige denn, dass er sich um sie kümmern würde.

In einem solchen Fall beginnt es in der Beziehung unfair zuzugehen. Immer fällt einem der Partner die Hauptlast zu, und der andere hält sich raus. Es gibt – jedenfalls in dem angesprochenen Bereich – keine Wechselseitigkeit, sondern nur Einseitigkeit. Eine solche Situation charakterisiere ich mit dem Wort »Schieflage«. Hier entstehen unausgeglichene Konten. Beziehungen, in denen sich Derartiges einspielt, werden auf die Dauer krisenhaft, weil einen der beiden unweigerlich das deutliche oder undeutliche Gefühl beschleicht, dass er ständig schlechter wegkommt.

Es gelingt Paaren oft nicht, innerhalb gewisser Polaritäten, die in jeder Beziehung eine Rolle spielen, einen Ausgleich zu schaffen oder – wie ich auch gerne sage – eine Balance herzustellen. Diese Polaritäten, die im Leben eines jeden Paares eine wichtige Rolle spielen, sind:

- Autonomie und Bindung:
  Die Polarität zwischen »Ich« und »Wir«
- Bestimmen und Sich-Anschließen:
  Die Polarität der Macht
- Geben und Nehmen:
  Die Polarität des affektiven Austausches

Partner erleben sich in der Regel in einer Beziehung dann zufrieden, wenn beide an jeweils beiden Polaritäten Anteil haben, oder anders ausgedrückt: wenn beide sich zwischen den beiden Polen hin und her bewegen. Problematisch wird es, wenn nur einer der beiden Pole im Leben des Paares vorkommt und die Partner sich gleichsam an einem Pol »fixieren«, zum Beispiel am Pol des »Wir«, indem sie nach dem Motto leben: »Alles gemeinsam« und »Immer miteinander«, der andere Pol aber, das »Ich«, die eigene Welt, der eigene Raum, die Individualität des Einzelnen vernachlässigt wird. Ebenso problematisch wird es, wenn sich die Partner »polarisieren«, das heißt der eine sich ausschließlich auf dem einen, der andere auf dem anderen Pol bewegt.

Wenn das über längere Zeit so geht, und das nicht nur in einem begrenzten und nebensächlichen

Bereich, sondern in weiten Teilen der Beziehung und in zentralen Themen, bekommt einer der Partner auf die Dauer das Gefühl, ausgebeutet zu werden. Der andere lebt auf seine Kosten. Aber auch er wird dabei meist nicht glücklich. Denn beide Seiten der jeweiligen Polarität gehören zu unserem Leben: Wir wollen autonom und sicher gebunden sein, wir wollen bestimmen in einer Beziehung, aber auch manchmal die Verantwortung abgeben können und den anderen entscheiden und die Führung übernehmen lassen, und wir wollen mal die Nehmenden, aber auch mal die Gebenden sein. Das gehört zu einem ganzheitlichen Leben dazu. Wenn der jeweils andere Pol in unserem Leben fehlt, empfinden wir uns auf die Dauer als schmalspurig und eingeengt. Und: Wir beginnen das dem anderen übel zu nehmen. Auch hier spielen sich sehr leicht wieder ähnliche, sich selbst verstärkende Teufelskreise ein. Wenn der eine ausschließlich den einen Pol besetzt, ergibt sich für den anderen ein Sog zum anderen hin, und das wiederum verstärkt die Tendenz des einen, seinen Pol noch ausschließlicher zu besetzen.

Das ist sicher kein absolutes »Muss«. Es wäre möglich und auch konstruktiver, sich diesem Sog zu entziehen. Wenn Beate beispielsweise für die Mutter von Felix einfach nichts mehr täte, wäre er plötzlich stark herausgefordert, doch etwas mehr Initiative zu ergreifen. Damit könnte sie den Teufelskreis durchbrechen. Aber das ist nicht leicht. Beide fixieren sich gegenseitig auf dem einen Pol und versperren sich damit den Weg zum anderen und damit zu einer umfassenderen Entfaltung ihres menschlichen Potenzials. Felix lernt auf diese Weise nicht, für andere zu sorgen, Beate nicht, auf sich selbst zu achten und sich etwas für sich zu nehmen. Damit werden solche Beziehungen »in Schieflage« zum Entwicklungshindernis für die einzelnen Partner, und wenn das einem oder beiden immer mehr aufgeht, liegt die Idee, sich zu trennen, um sich aus dieser Stagnation zu befreien, nicht mehr sehr fern.

Autonomie und Bindung

Was würde es nun heißen, diese Polaritäten »auszubalancieren«?

Eine Balance hinsichtlich dieser Polarität würde bedeuten: Mann und Frau fühlen sich in einer festen Bindung miteinander, jeder von beiden hat aber auch seinen individuellen Freiraum. Jeder hat seine eigene Welt mit eigenen Interessen, Aktivitäten und Beziehungen, sie haben aber auch eine abwechslungsreiche, lebendige und ausgedehnte gemeinsame Welt. Jeder von beiden versteht es, für sich selber zu sorgen, jeder der beiden kümmert sich aber auch um den anderen, die Beziehung, die Kinder, um die Verwandten und die gemeinsamen Freunde.

Bestimmen und Sich-Anschließen

Eine ausgeglichene Balance innerhalb dieser Polarität bedeutet, dass Frau und Mann etwa zu gleichen Teilen in der Beziehung die Bestimmenden sind, und das geht ohne Machtkampf nur, wenn sie sich zu gleichen Teilen auch einander anschließen, das heißt vom anderen bestimmen lassen. Bestimmen, das bedeutet Initiative ergreifen, Vorschläge machen, seine Meinung klar sagen und auch vertreten, Impulse geben, manchmal auch sich kraftvoll durchsetzen. Sich anschließen, sich bestimmen lassen heißt: auf den anderen hören, ihm zustimmen, ihm folgen, auch sich ihm anpassen.

Es geht also hier um eine ausgeglichene Machtverteilung zwischen Mann und Frau. Ausgeglichene Machtverteilung heißt nicht, dass beide immer zur gleichen Zeit gleich bestimmen können müssten. Dieser Anspruch führt lediglich zu dauernden Machtrangeleien. Zuweilen können Machtrangeleien in der Partnerschaft recht belebend sein. Als Dauer-Beziehungsmuster werden sie jedoch strapaziös und zerstörerisch. Ein partnerschaftlicher Umgang mit der Macht bedeutet dagegen nicht Machtkampf, sondern: Bestimmen und Sich-Anschließen kann zwischen den Partnern flexibel wechseln. Mal bestimmt der Mann und die Frau schließt sich an, mal bestimmt die Frau und der Mann schließt sich ihr an.

Macht und Liebe stehen in einer Beziehung keineswegs im Widerspruch. Zwei sich gleich mächtig fühlende Partner, die gleichzeitig bereit sind, die Macht und Stärke des anderen auch immer wieder anzuerkennen und zu achten, werden immer wieder auch aufeinander stolz sein können, und auch das belebt die Liebe in einem nicht zu unterschätzenden Maß.

Geben und Nehmen

Die Balance hinsichtlich dieser Polarität gelingt dann, wenn jeder der beiden die Erfahrung macht: Der andere investiert etwa gleich viel in die Beziehung wie ich selber. Es geht also hier um das innere und äußere Engagement für die Beziehung. Etwas feierlich ausgedrückt geht es um die Wechselseitigkeit der Hingabe: Ich gebe mich dir und du gibst dich mir.

Das drückt sich in vielen kleinen Alltäglichkeiten aus: etwas mitbringen, was der andere besonders gerne mag, nachfragen und zuhören, wie es ihm geht, ihn stützen und unterstützen, wenn er es braucht, Initiativen für die Beziehung ergreifen, Ideen haben, was man miteinander unternehmen könnte, dem anderen das Herz öffnen, wenn einen etwas sehr beschäftigt, für ihn da sein, wenn er es braucht, und so fort. Balance heißt hier ebenfalls: Die Positionen wechseln immer wieder. Der eine gibt und nimmt, der andere nimmt und gibt. In solchen Beziehungen entwickelt sich ein positiver »sich selbst verstärkender« Kreislauf: Wenn ich vom anderen etwas bekomme, drängt es mich, meinerseits zu geben, und dieses Geben wiederum löst beim anderen auch wieder die Reaktion aus, geben zu wollen und so weiter. Das heißt: Durch solch wechselseitiges Geben und Nehmen entsteht Bindung und die Beziehung wird als ausgesprochen nahrhaft und emotional sättigend erlebt.

Liebe braucht einen hohen Umsatz von Geben und Nehmen. Damit soll nicht gesagt sein, dass dieser Austausch immer genau auf derselben Ebene erfolgen müsste. Auch hier spielen die Stärken und Kompetenzen der Partner in ihrer unterschiedlichen Art eine Rolle.

- Zu empfehlen ist, dass Paare von Zeit zu Zeit eine »Fairnessbilanz« miteinander machen, indem sie sie miteinander durchgehen: Wie steht es hier mit unserer Balance? Kommt einer von uns beiden schlechter weg und worin kommt er schlechter weg? Haben sich Schieflagen eingeschlichen, so wie bei einer Wippe, die nicht mehr auf und ab wippt, sondern in Schräglage zum Stillstand gekommen ist? Was wäre zu tun, um die Wippe wieder in Bewegung zu bekommen und Ausgleich zu erreichen? Welche Zeitperspektiven gibt es, wann ist der andere wieder »dran«, seine Bedürfnisse erfüllt zu bekommen?

Welche Kompensationsmöglichkeiten könnten gegeben werden, wenn Einseitigkeiten im Moment unvermeidlich sind? – Solche Bilanzgespräche können verhindern, dass die Beziehung unbemerkt so aus der Balance gerät, dass sie in Gefahr kommt.

- Manchmal wird zwischen den Partnern eine eklatante Schieflage erst zum Thema, wenn schon Jahre des Zusammenlebens vergangen sind – und zwar durch eine akute Krise.

- Für Paare, denen eine derartige jahrelange Schieflage bewusst geworden ist und die einen ähnlichen Neuanfang mit besser ausbalanciertem Gleichgewicht machen möchten, ist es freilich nicht ganz leicht, aus eigenen Kräften einen »rituellen« symbolischen Ausgleich zu schaffen. In solchen Fällen empfehle ich, eine Paarberatung aufzusuchen.

Machen Sie Ihre Probleme zu gemeinsamen Problemen

Sind Sie ein gutes Team? Es ist ein großer Unterschied, einander zu lieben und miteinander zu leben. Wenn wir uns ineinander verlieben, erfassen wir intuitiv Wesenszüge am anderen, die zu uns passen, und spüren vom anderen eine Resonanz auf Wesenszüge von uns; eine Resonanz, die uns tief berührt. Wenn wir uns dann entschließen, zusammenzuleben, ist das eine gute Grundlage, aber in vielen Dingen kommt es dann auf etwas anderes an: nicht auf den »Wesens-Gleichklang«, sondern auf konkrete Alltagsbewältigung. Dazu müssen wir aber kein Liebespaar sein, sondern ein gutes Team. Auch hier ist es ähnlich wie beim Thema »Ausgleich«: Zwei, die gut kooperieren, müssen noch lange keine Liebenden sein. Aber wenn zwei Liebende, die sich zum Zusammenleben entschlossen haben, kein gutes Team sind, wird ihre Liebe harten Belastungsproben ausgesetzt. An der mühseligen und immer wieder scheiternden Lebensbewältigung kann sich die tiefste Liebe im Laufe der Zeit verbrauchen. Leider passiert Letzteres häufig.

Iris hat große Probleme mit ihrem Jüngsten. Wenn sie darüber klagt, gibt Martin Ratschläge, wie sie es anders machen müsste. Darauf Iris: »Du hast gut reden, mach doch selber mal, dann wirst du schon sehen!« Darauf Martin: »Würd' ich ja gerne, aber wie soll ich, wenn ich den ganzen Tag weg bin!« Darauf sie: »Das ist jetzt die Standardausrede. Wenn du wolltest, könntest du dich sehr wohl öfter um ihn kümmern …« Bei diesem Umgang mit dem Problem läuft etwas fundamental schief. Iris meldet das Problem mit ihrer Klage an. Mit seinem besserwisserischen Ratschlag distanziert sich Martin davon und schiebt es ihr zu. Das spürt sie und darum schiebt sie es nun ihrerseits ihm zu. Dagegen wehrt er sich und schiebt es ihr wieder zurück. So geht es weiter, bis am Schluss jeder die Verantwortung ganz auf den anderen geschoben hat und weit von sich weist.

Wenn in einer Paarbeziehung einer ein Problem hat, ist es immer auch das Problem beider. Freilich ist das je nach Problemart sehr unterschiedlich. Auch wenn ich das Problem nicht verursacht habe, ich bin davon auf jeden Fall mit betroffen. Darum ist es auch unsere gemeinsame Aufgabe, alle jene Herausforderungen anzunehmen, die damit verbunden sind: die Herausforderung zum gemeinsamen Verstehen, zum gemeinsamen Suchprozess und zu gemeinsamen Lösungsversuchen.

Kooperation statt Distanzierung und Konkurrenz

Erster Schritt: Ich gehe auf den Partner, der das Problem äußert, ein, gehe gleichsam »mit ihm mit«. An unserem Beispiel von Iris, Martin und ihrem jüngsten Sohn kann das Folgendes heißen: Wenn sie darüber klagt, wie schwierig es gerade ist, muss Martin vermeiden, gleich Ratschläge zu geben. Zunächst mal ist angesagt: Zuhören, nachfragen, auf Iris eingehen, indem er Verständnis für und Mitgefühl mit ihren Sorgen und Ängsten zeigt. Vorschnelle Ratschläge sind immer eine Strategie der Distanzierung.

Wenn Martin zuhört, nachfragt, mitschwingt, setzt er sich Iris gegenüber nicht aufs hohe Ross, er tritt vielmehr an ihre Seite. Von diesem Moment an wird das Problem bereits ein Stück ihr gemeinsames. Martin steht nicht mehr außerhalb (wie als »Ratgeber«), er sitzt sozusagen mit im Boot, in dem Iris nach dem richtigen Kurs sucht.

Zweiter Schritt: Jeder sucht nach seinem Teil am Problem und nimmt diesen Teil zu sich. Wieder an unserem Beispiel: Martin und Iris überlegen miteinander: Woran nur mag es liegen, dass der Kleine gerade so schwierig ist? Was nun sind die Ursachen dieser Schwierigkeiten? Dabei werden wahrscheinlich verschiedene Zusammenhänge deutlich, zum Beispiel die Konkurrenz des Kleinen mit den Geschwistern, die Ungeduld von Iris, die mit den drei Kindern an den Rand ihrer Möglichkeiten geraten ist, aber auch: Martins Mangel an Kontakt zum Jüngsten, der besonders auf ihn bezogen ist.

Dritter Schritt: Wir erarbeiten gemeinsam Lösungsstrategien. Bei Iris und Martin sieht das vielleicht so aus: Unser Kleiner braucht mehr Aufmerksamkeit und Zuwendung. Dafür aber braucht Iris Entlastung durch eine zusätzliche Kinderbetreuung. Und es ist nötig, dass Martin öfter ausdrücklich auf seinen Kleinen zugeht und gezielt mit ihm etwas unternimmt.

Vierter Schritt: Die Partner gehen an die Umsetzung ihres Teils der Problemlösung und evaluieren dabei immer wieder das Ergebnis. Wieder an Iris und Martin aufgezeigt: Iris engagiert einen Babysitter, Martin beginnt, immer wieder mal mit dem

Kleinen allein in den Wald zu gehen und ihn ab und zu auch ins Bett zu bringen. Die beiden sprechen immer wieder darüber, wie es ihnen damit geht, was für Erfahrungen sie machen und ob es schon irgendwelche Auswirkungen gibt. Schließlich vermittelt diese fortlaufende Reflexion auch Erfolgserlebnisse. Wenn Iris und Martin erleben, dass die Maßnahmen greifen, können sie sich darüber freuen. Im besten Fall haben die beiden am Ende dann vielleicht das befriedigende Gefühl: Wir haben ein schwieriges Problem miteinander bewältigt. Wir sind ein tolles Paar!

Damit wird nochmals sichtbar, welche Bedeutung für die Beziehung es haben kann, wenn Paare Probleme zu ihren gemeinsamen Problemen machen: Gemeinsame Problembewältigung verschafft gemeinsame Erfolgserlebnisse. Gemeinsame Erfolgserlebnisse wiederum stärken das Selbstbewusstsein des Paares. Sich gemeinsam stark und effektiv zu erleben, ist eine nahrhafte Quelle für die wechselseitige Liebe.

Nützliche Fragen, um Probleme des Einzelnen zu gemeinsamen zu machen, sind folgende:

- Bin ich an der Entstehung oder Fortdauer des Problems meines Partners beteiligt? Inwiefern könnte es sein, dass wir das Problem gemeinsam produzieren? Was ist in diesem Fall mein Anteil daran, den ich zu mir nehmen muss?

- Wenn ich nach ehrlicher Prüfung sagen muss, dass ich an diesem Problem keinen Anteil habe: Inwiefern bin ich von diesem Problem betroffen? Und wäre unsere Beziehung anders, wenn dieses Problem gelöst wäre?

- Inwiefern mildere oder verstärke ich durch mein Verhalten das Problem des anderen?

- Was kann ich von meiner Seite zur Problemlösung beitragen? Gibt es in diesem konkreten Fall überhaupt eine »Lösung« des Problems? Oder geht es eher darum, einen Weg zu finden, mit diesem Problem möglichst gut zu leben, und wie könnte so etwas aussehen? Was wäre mein Teil, den ich dabei übernehmen könnte?

- Paare, die ihre Probleme als gemeinsame sehen, gemeinsam angehen und miteinander lösen oder auch miteinander tragen, wenn sie nicht zu lösen sind, erschließen sich gerade damit ein großes Wachstumspotenzial ihrer Liebe. Es gibt kaum etwas, das die Liebe zueinander mehr stärkt und festigt als dieser Weg.

Tipp Nr. 9

Nehmen Sie Krisen als Entwicklungs- chancen

Krisen sind unausweichlich. Jede Paarbeziehung gerät in Krisen. Das wünscht sich niemand, es ist aber unausweichlich. Krisen sind sogar notwendig und lebenswichtig für lebende Systeme, zu denen wir Paarbeziehungen ja auch rechnen. Alles Lebendige ist in Entwicklung, das heißt, es verändert sich und muss sich verändern, um zu überleben und sich zu entfalten. Andererseits will alles Lebendige »es selbst bleiben«, es will seine Identität behalten. Wird dieses Bedürfnis aber zu stark betont, droht Erstarrung. Wird die andere Seite, die Tendenz zur Veränderung, zu stark betont, droht Auflösung. In dieser Spannung steht alles Lebendige: Es strebt Stabilität an, um es selbst zu bleiben, aber es muss die Stabilität auch immer wieder aufgeben und Wandlungsprozesse riskieren, um nicht in Erstarrung zu geraten.

So ist es auch im Leben von Paaren. Bestimmte Phasen, die durchlaufen werden müssen, und die Übergänge von der einen in die nächste sorgen dafür, dass die Stabilität nicht zur Erstarrung wird. Dennoch, weil wir Stabilität auch anstreben und brauchen, erleben wir diese Übergänge als Krisen: Zwei Menschen raufen sich am Anfang ihrer Beziehung zu einer relativ stabilen Form gemeinsamen

Lebens zusammen. Dann aber verspüren sie den Wunsch nach einem Kind. Der kleine Erdenbürger bringt die bisherige Stabilität des Paares durcheinander. Die beiden müssen ihr Leben vollständig umorganisieren. Liebgewordene Gewohnheiten, zum Beispiel der spontane Kneipenbesuch am Abend, müssen aufgegeben, neue Abläufe, zum Beispiel wer nachts aufsteht und sich um das weinende Kind kümmert, eingeübt werden. Auch wenn die Geburt des Kindes durchaus als freudiges Ereignis erlebt wird, stellt sie dennoch ein kritisches Lebensereignis dar, das zu seiner Bewältigung einiges an Geschick und Energie braucht, damit es gut weitergehen kann und das Paar wieder eine neue Stabilität miteinander findet, in der das Kind seinen Platz hat, aber auch die Beziehung wieder zu ihrem Recht kommt.

Ähnlich ist es auch mit weiteren Lebensübergängen: Wenn das Kind oder die Kinder in die Schule kommen, wenn das letzte Kind aus dem Haus geht, wenn das Paar in die zweite Lebenshälfte eintritt, wenn der Übergang vom Arbeitsleben in den Ruhestand ansteht und Ähnliches mehr. Immer muss ein altes – manchmal gutes, manchmal auch ungutes – Gleichgewicht aufgegeben werden, die Partner müssen sich auf einen Weg und auf die Suche nach einem neuen Gleichgewicht begeben.

Vorhersehbare und unvorhersehbare Krisen

Krisen dieser Art, die durch vorhersehbare kritische Lebensereignisse ausgelöst werden, sind in gewissem Sinn notwendig, damit die beharrenden Kräfte nicht überhand nehmen, damit Neues möglich wird.

Anders ist es bei einer anderen Art von Krisen: bei solchen, die nicht durch vorhersehbare kritische Lebensereignisse ausgelöst werden, sondern mit unvorhersehbaren einhergehen – mit Krankheit, Kinderproblemen, einer Außenbeziehung, einem Umzug, der überraschend nötig wird, einem neuen Chef, der so ganz anders ist als der alte … Solche Krisen werden nicht erwartet. Sie treffen das Paar unter Umständen wie der Blitz aus heiterem Himmel. Man hat sich nicht auf sie eingestellt, man hat im Vorhinein nicht überlegt, wie man sich verhalten wird, man hat keine Strategien zu ihrer Bewältigung.

Friedrich bekommt viel früher als erwartet von seiner Firma das Angebot einer Führungsposition. Allerdings in einer anderen Stadt. Die beiden haben sich gerade eine Wohnung gekauft, haben zwei kleine Kinder, Ulrike hat eine sehr günstige Teilzeitstelle in ihrem Betrieb halten können, sie haben sich gerade begonnen, sich rundum wohlzufühlen in ihrem Wohngebiet mit den vielen jungen Familien, die sich gegenseitig aushelfen – und jetzt aus allem raus! Aus allem, was ihnen gerade Halt und Heimatgefühl zu vermitteln begann. Sie muss die Stelle aufgeben, die Kinder verlieren ihre Spielkameraden, da, wo sie hinziehen, kennen sie keine Menschenseele

Ein anderes Szenario: Ludwig und Daniela haben zusammen eine kleine Trainings- und Beratungsfirma. Daniela kommt als Seminarleiterin sehr gut an, sie ist selbstbewusst und optimistisch. Ludwig ist als Theoretiker gut, aber im Umgang mit den Kunden eher unsicher. Er läuft ein wenig im Windschatten von Daniela. Da wird bei einer Routineuntersuchung bei Daniela ein bösartiger Tumor in der Brust festgestellt. Es muss sofort gehandelt werden: Krankenhaus, Operation, Chemotherapie …

Solche Ereignisse sind weder vorhergesehen noch vorhersehbar, wir empfinden sie alles andere als »nötig«, wir erleben sie als Unglück und Katastrophe. Sie stellen alles Bisherige in Frage und was sich zwischen uns als Paar eingespielt hat, wird durcheinander gewirbelt.

Lebenskrisen – Beziehungskrisen

Solche Lebenskrisen werden leicht auch zu schweren Beziehungskrisen. Ein »Drittes« steht plötzlich zwischen den Partnern: Bei Friedrich und Ulrike ist es seine neue Stelle und die fremde Umgebung, und bei Ludwig und Daniela drängt sich der Krebs als unerwünschter Dritter in die Beziehung. Alle von solchen Krisen Betroffenen neigen dazu, mit diesem »Dritten«, das die Beziehung so sehr stört, zu hadern, es sich wegzuwünschen und wieder den Zustand von vorher haben zu wollen. Wie kann ein konstruktiver Umgang mit diesem »Dritten« aussehen, vielleicht sogar ein Umgang, der für die Beziehung nicht nur keine Gefahr, sondern sogar Gewinn bedeuten könnte?

Herausforderung zur Entwicklung

Man kann diese unvorhergesehenen kritischen Lebensereignisse ähnlich sehen wie die vorhersehbaren: Als Anstoß zur Weiterentwicklung, als Anlass zum Aufbruch aus einer drohenden Erstarrung.

Nach einiger Zeit des Haderns und der Anklagen drängt sich Ulrike immer mehr die Frage auf: »Welche Rolle habe ich eigentlich bisher in unserer Beziehung gespielt? Immer habe ich mich nach Friedrich und seinen Zielen gerichtet.« Friedrich seinerseits merkt durch den Einbruch Ulrikes, wie selbstverständlich er bisher Ulrikes Anpassung an seine Interessen und Ziele genommen hat, und dass er sie mit dieser letzten Veränderung tatsächlich an den Rand der Überforderung bringt. Für ihn wird die Krise zum Anstoß, mehr in die Beziehung zu investieren, für sie, mehr für ihre Eigenständigkeit und Autonomie zu tun. Dies schafft – trotz der schwierigeren äußeren Situation – eine neue Gemeinsamkeit und Nähe zwischen den beiden, mehr, als sie es in den letzten Jahren erlebt haben. Bei Daniela und Ludwig besteht die Krise vor allem darin, dass die bisherige Aufteilung zwischen den beiden, dass nämlich sie die Starke und Zuversichtliche ist, die vorangeht, und Ludwig derjenige, der sich bei ihr emotional »anhängt«, durch ihre Erkrankung nicht mehr möglich ist. Sie ist jetzt die Schwache, Hilfsbedürftige, die seiner Unterstützung bedarf.

Der Krebs fordert Ludwig somit heraus, seine bisherige Position in der Beziehung zu verlassen. Er ist herausgefordert, sich auf seine eigenen Stärken zu besinnen und Daniela zu geben, was bisher hauptsächlich sie ihm gegeben hat: Zuspruch, Trost, Ermutigung. Daniela erfährt dabei, wie gut es ihr trotz allem tut, nicht mehr immer die Starke sein zu müssen. Sie entdecken dadurch eine ganz neue Qualität in ihrer Beziehung, die sie trotz allem Schweren sehr bereichert. Er kann auch mal der Starke sein, an den sie sich anlehnt, wie sie es sich schon oft insgeheim gewünscht hat. Auch hier wird die Krise trotz der tödlichen Bedrohung zum Anstoß, bisher ungelebte Lebensmöglichkeiten zu entdecken.

Man kann – wie die Paare unserer Beispiele es taten – die Frage stellen: »Zu welcher Entwicklung, die wir vielleicht bis jetzt vermieden haben,

fordert uns diese Krise heraus?« Oder anders ausgedrückt: »Was ist die Botschaft dieser Krise an
uns, an dich, an mich?« Das ist die entscheidende
Frage, die das kritische Lebensereignis in eine Ent-
wicklungsherausforderung zu verwandeln vermag,
auch wenn wir es zunächst als einengend, zerstörerisch oder mindestens ärgerlich erleben.

Gerade bei den unvorsehbaren kritischen Lebens-
ereignissen gibt es Fragen, die meist nichts bringen
oder in eine falsche Richtung führen. Fragen wie:
»Was ist die Ursache dieser Krise?«, »Wer ist
Schuld daran?«, »Warum hast du mir das angetan?« und: »Warum muss es gerade uns treffen?«
Die entscheidende konstruktive Frage angesichts
solcher Krisenereignisse lautet: »Wozu fordert uns
diese Krise heraus − zu welchem Schritt, zu welcher Entscheidung, zu welcher Entwicklung?«
Ähnlich sinnvolle Fragen können sein: »Was ist die
Botschaft dieses Krisenereignisses an dich, an
mich, an uns?« Oder: »Was ist das ungelebte
Leben, das sich in dieser Krise anmeldet und be-
merkbar macht?« Die Fragestellung könnte auch
lauten: »Wozu wird dieses Ereignis einmal gut gewesen sein?«

Wenn man in der Krise steckt, ist es verständlich, dass man den Zustand vor der Krise zurückhaben will. Aber wir haben gesehen: Dieser Zustand ist oft gar nicht so gut, wie er vielleicht in der unmittelbaren Krisenerfahrung erscheint.

Und zum anderen: Die Situation wird nach der Krise nie mehr so sein können wie vorher. Entweder wird unsere Beziehung an der Krise zerbrechen − oder sie muss eine neue Stufe ihrer Entwicklung erreicht haben, damit sie weitergeht. Es kann also nur »nach vorne« weitergehen, entweder in die eine oder die andere Richtung. Das heißt: Immer steht ein Abschied an, der vollzogen werden muss, damit wir für etwas Neues frei werden.

Wenn man mit konstruktiven Fragen an Lebenskrisen herangeht, hat man bewusst oder unbewusst zuvor eine Grundannahme getroffen, nämlich die Grundannahme, dass es das Leben − auch in seinen Schicksalsschlägen − gut mit mir meint. Man geht von der Annahme aus, dass mir auch in der Krise letztlich Wohlwollen begegnet.Das ist eine Grundannahme, von der auch Christentum und Buddhismus ausgehen: Für das

Christentum steht der »gekreuzigte Auferstandene« im Zentrum, im Buddhismus wird der Endzustand der Erleuchtung erreicht, wenn alle »Ichhaftigkeit«, alles »Anhaften« losgelassen ist. Das heißt: Für beide wird in der tiefsten Krise des Lebens die eigentliche Vollgestalt des Lebens erreicht. Darum kann auch eine in diesem Sinn religiöse Lebenseinstellung eine große Unterstützung für eine positive Krisenbewältigung sein.

Tipp Nr. 10

Erfüllen Sie Ihr Zusammenleben mit Sinn

Manchmal habe ich mit Paaren zu tun, die eigentlich keine massiven Probleme haben, aber es liegt so etwas wie ein depressiver Schleier über der gesamten Beziehung.

Es fehlt dem Paar tatsächlich häufig etwas Drittes, allerdings etwas, auf das sie miteinander erfreut, interessiert und fasziniert blicken könnten. Hier wird eine weitere Facette von dem deutlich, was die Liebe in Dauerbeziehungen braucht, um lebendig zu bleiben: In der Verliebtheit beglückt es die Partner, ihre Blicke ineinander zu versenken, im Laufe ihres gemeinsamen Lebens brauchen sie aber etwas Drittes, auf das sie miteinander schauen können, etwas Drittes, das die beiden erfüllt, bereichert, im besten Fall begeistert und sie so auch wieder zu lebendiger Zweisamkeit miteinander inspiriert.

Die Erfahrung von Wertvollem in der Gegenwart

Paare, die gemeinsame Kinder haben, trennen sich seltener als kinderlose Paare. Paare mit Kindern haben etwas gemeinsames Drittes, das sie als wertvoll erleben. Wenn sie die kleinen Wesen versorgen und nähren, wenn sie ihr Aufwachsen miterleben, wenn sie mit ihnen nochmals die Welt entdecken und sich von ihrer Faszination und Lebensfreude anstecken lassen – dann erfüllt das ihr eigenes Leben mit tiefem Sinn. Kinder sind nicht nur eine Last. Sie vermitteln dem Zusammenleben Wert- und Sinnerfahrung. Wenn Paare keine Kinder wollen, verzichten sie damit auf eine wichtige Sinnquelle und eine tiefe Bereicherung ihres Lebens.

Ich bin freilich nicht der Meinung, Kinder wären die einzige Wert- und Sinnquelle für eine Zweisamkeit auf Dauer. Das »wertvolle Dritte« kann vieles andere sein, und auch wenn Paare Kinder haben, müssen sie sich um andere Dritte kümmern. Die Familienphase ist, wenn überhaupt, nur eine Phase im Leben des Paares, und wenn sie zu Ende ist, gibt es in der Regel noch Jahrzehnte miteinander zu leben. Es ist gut, das im Auge zu haben und schon früh in der Beziehung anzufangen, verschiedene Formen dieses gemeinsamen »Dritten« – eben über gemeinsame Kinder hinaus – miteinander zu entwickeln.

Das kann bedeuten: Gemeinsame Interessen finden und miteinander pflegen, gemeinsame Hobbies –

Sport, Musik, Kunst, Reisen – entdecken und ausüben, tiefere Fragen unseres Daseins, Fragen philosophischer, religiöser Art miteinander stellen und diskutieren, gemeinsame soziale oder politische Anliegen entwickeln und sich im Rahmen des Möglichen dafür engagieren, eine dem Paar entsprechende religiös-spirituelle Praxis suchen und miteinander üben und so weiter.

Wenn sich Paare schon in der kinderlosen Zeit solche gemeinsamen Bereiche erschließen, wird es möglich sein, sie – wenn auch vielleicht »schmalspurig« und fragmentarisch – auch in der Familienphase aufrechtzuerhalten und sie in die Nach-Familienphase hinüberzuretten, wo sie wieder oder vielleicht auch erstmals voll zum Erblühen kommen können.

Produktivität gegen Passivität

»Das Dritte« sollte nicht passiver Konsum, sondern immer etwas Produktives oder Kreatives sein. Passiver Konsum ist nämlich nur in sehr begrenztem Ausmaß als Sinnquelle geeignet. Damit sei nichts gegen ein schönes Essen oder einen interessanten Fernsehabend gesagt. Aber nur gemeinsam passiv zu konsumieren, entleert auf die Dauer die Beziehung. Um Sinn zu erleben, muss man Wertvolles tun, sich mit Wertvollem befassen. Das ist insgesamt regenerierender als Passivität und Konsum, weil es Lebensfreude und Energie »zurückbringt«.

Im Beziehungsleben von Männern und Frauen wird der Sexualität in diesem Zusammenhang eine übertriebene Bedeutung beigemessen. Zweifellos ist auch das sexuelle Erleben eine Quelle von Sinn. Wir Menschen sehnen uns nach Ekstase und Entgrenzung. Da, wo wir Derartiges erleben, sind wir fasziniert, wir wachsen gleichsam über uns selber hinaus.

Das bekommt aber den Paarbeziehungen nicht nur gut. Wohl kümmert man sich dadurch heute sehr viel mehr um ein erfülltes Sexualleben als früher und dagegen ist ja nichts einzuwenden. Aber wenn die Sexualität eine so zentrale Bedeutung für Faszination und Sinnerleben bekommt, wie es heute oft zu beobachten ist, wird auch die Gefahr sehr groß, dass man sie – vor allem in einer Dauerbeziehung, wo sie nicht in ununterbrochener Ekstase gelebt werden kann – überfordert.

Darum brauchen Paare noch anderes, was sie miteinander begeistert, fasziniert, aus ihren Grenzen herausführt. Partner, die von einem gemeinsamen Anliegen zutiefst erfüllt sind, die im Herzen für eine gemeinsame Sache brennen, inspirieren sich einerseits dadurch auch erotisch, und andererseits füllen sie ihr Leben auch dann mit Faszination, wenn die Erotik nicht mehr so im Vordergrund steht.

Der positive Blick in die Zukunft

Auch eine attraktive Zukunftsperspektive kann die Gegenwart mit Sinn erfüllen, kann sie in einem positiven Licht erscheinen lassen, kann sie sogar erträglich machen, wenn sie unerträglich zu werden droht.

In der Zeit der Verliebtheit haben Paare die Tendenz, ihre Zukunft rosig zu sehen, allerdings ziemlich vage und unkonkret. Zukunftsbilder in dem hier gemeinten Sinn sind etwas anderes. Es sind keine unrealistischen Traumbilder, aber sie weisen trotzdem über die Realität, wie sie jetzt ist und erfahren wird, hinaus.

Es belebt die Liebe, wenn wir uns angewöhnen, uns immer wieder Bilder von dem zu machen, wie

unsere Beziehung in drei, in fünf, vielleicht in zehn Jahren sein könnte. Damit ist nicht gemeint, sich in ein Wolkenkuckucksheim hineinzuträumen. Es geht um unsere reale Beziehung, es geht um dich und mich. Wie werde ich, wie möchte ich – angesichts der vorhandenen Rahmenbedingungen – mit dir in drei, fünf Jahren zusammenleben? Wo werden wir leben, wie werden wir leben, welche Arbeit werde ich, welche du tun, was wird mit unseren Kindern sein, was wird mehr Raum einnehmen, was weniger? Das heißt, wir fragen uns: Wohin geht meine Lebenssehnsucht, für mich persönlich – und mit dir zusammen? Was meldet sich in mir, das unbedingt Wirklichkeit werden möchte, und wie könnte das konkret aussehen?
Wir träumen uns nicht ins Illusionäre hinein, aber wir fassen das ins Auge, was noch nicht ist, wohl aber werden möchte.

Für die Praxis kann es hilfreich sein, wenn jeder Partner sich zunächst einzeln mit dem Entwerfen solcher Bilder bei sich selbst beschäftigt, bevor er sie dann mit dem anderen austauscht.
Dabei ergeben sich Unterschiede und Gemeinsamkeiten, und so können sich dann – durchaus mit

unterschiedlichen Akzenten – gemeinsame Bilder he- rauskristallisieren, Leitbilder, Realutopien, die uns als Paar dann Perspektiven und Zukunft eröffnen. Die Erfahrung einer solchen Perspektive ist imstande, unsere Gefühle ins Positive zu wenden. Solche Bilder sind ein Antidepressivum ersten Ranges. Sie schaffen Luft, hellen unsere Stimmung auf und oft machen sie uns wieder zuversichtlich, wenn wir gerade daran waren, mutlos zu werden. Sie geben uns das Gefühl, nicht ausgeliefert, sondern selber die Regisseure unseres Lebens zu sein. Wer sich angewöhnt hat, immer wieder Zukunftsbilder zu entwerfen, aktiviert seine Kräfte, die ihm das Gefühl geben und die Erfahrung vermitteln, dass es möglich ist, zu handeln, mitzugestalten und nicht einfach ausgeliefert zu sein.

Wenn die Bilder, die wir entwerfen, »stimmen«, das heißt, wenn sie uns wirklich in der Tiefe entsprechen, dann entwickeln solche Bilder gleichsam aus sich heraus eine Tendenz zu ihrer Verwirklichung. Natürlich nicht ohne unser Zutun, aber sie ziehen unsere Aufmerksamkeit auf sich, sie schaffen Motivation zum Handeln, und sie locken aus uns die entsprechende Handlungsenergie heraus, ohne dass wir es häufig so bewusst bemerken.

- Viele Paare können sich mit der religiösen Vorstellungswelt und religiösen Praxis der etablierten Kirchen nicht mehr identifizieren. Dennoch ist damit das religiös-spirituelle Interesse und Suchen keineswegs erstorben. Vor allem im Zusammenhang mit Kindererziehung und Familienereignissen wie Weihnachten, Hochzeiten, Todesfällen und dergleichen mehr wird es plötzlich wieder spürbar. Ich möchte Paare ermutigen, das Suchen in diese Richtung, wenn vorhanden, miteinander zu teilen. Ich möchte sie auch ermutigen, sich auf den Weg zu begeben, wenn sie das Bedürfnis haben, sich wieder eine religiöse Praxis anzueignen, die zu ihnen passen würde.

- Das Entwerfen von Zukunftsbildern der Paarbeziehung sollte kein einmaliges Ereignis sein, sondern ein Prozess. Die Lebensphasen des Paares ändern sich, und damit auch seine Zukunftsperspektiven. Ich entwerfe meine Bilder, du deine, wir vergleichen sie und machen ein gemeinsames Bild daraus. Auch wenn wir in den folgenden Wochen und Monaten nicht mehr ausdrücklich darauf zurückkommen: Das Bild wird für uns Orientierung sein und Perspektiven offen halten.